예비 중학 **사회**

올쏘

구성과 특징

기본기부터 탄탄하게
교과서 개념 정리

지도 마스터하기

개념 학습 시작 전에 지도를 통해 국가 또는 주요 도시를 학습할 수 있도록 하였습니다.

낯선 용어와 친해지기

초성 퀴즈, 글자 찾기 등 다양한 문제를 통해 어려운 용어나 반드시 알아야 하는 어휘를 학습하도록 하였습니다.

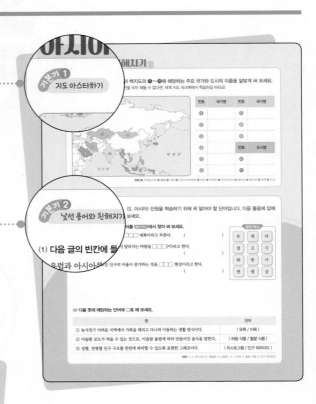

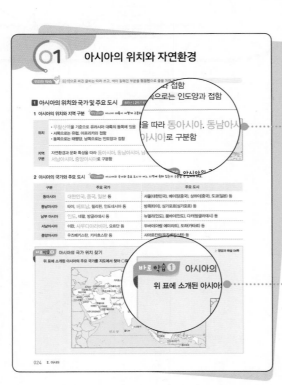

내용 따라쓰기

주요 개념을 따라 쓰면서 자기 주도적으로 학습할 수 있도록 구성하였습니다.

바로 학습

학습한 내용을 정리해 보고 중요한 부분을 복습할 수 있도록 구성하였습니다.

탄탄 문제

빈칸 채우기, 선 잇기 등 간단한 문제를 통해 기초 개념을 탄탄하게 다질 수 있도록 하였습니다.

쑥쑥 문제

핵심 개념이 담긴 문제를 통해 실력을 쑥쑥 키울 수 있도록 구성하였습니다.

대단원 마무리 문제

다양한 문제 유형을 통해 학교 시험을 미리 경험해 볼 수 있도록 구성하였습니다.

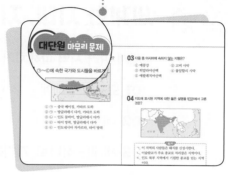

내 손안의 선생님
정답과 해설

따라하기만 하면 되는
세계 지도 워크북

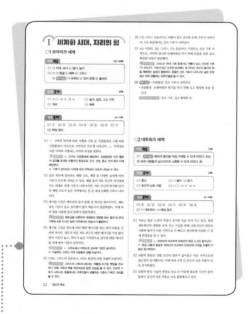

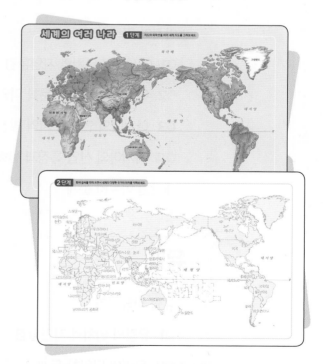

올쏘에 수록된 모든 문제에 대한 답과 해설이 수록되어 있습니다. '왜 틀렸지?', '더 알려 줄게', '꼭 써야 하는 단어' 등 쉽고 자세하게 풀이하였습니다.

1단계에서는 대륙별로 지도의 형태를 따라 그리고, 지형의 높낮이를 학습하도록 하였습니다.
2단계에서는 회색의 글씨를 따라 대륙별 주요 국가와 도시의 이름, 위치를 학습하도록 구성하였습니다.

차례

Ⅰ

세계화 시대,
지리의 힘

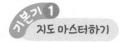

세계 여러 지역 파헤치기

기본기 1 지도 마스터하기

세계 백지도의 ❶~❿에 해당하는 주요 국가의 이름을 알맞게 써 보세요.
→ 빈칸을 모두 채울 수 없다면, 세계 지도 워크북 코너에서 학습하길 바라요!

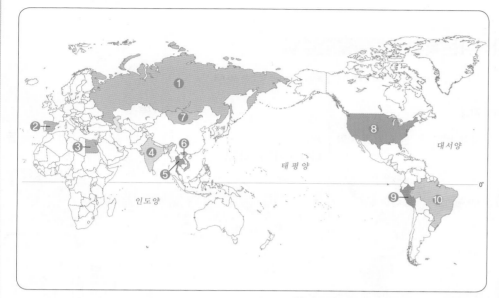

번호	국가명
❶	
❷	
❸	
❹	
❺	
❻	
❼	
❽	
❾	
❿	

정답 ❶ 러시아 ❷ 에스파냐 ❸ 이집트 ❹ 인도 ❺ 타이 ❻ 베트남 ❼ 몽골 ❽ 미국 ❾ 페루 ❿ 브라질

기본기 2 낯선 용어와 친해지기

〈I. 세계화 시대, 지리의 힘〉 단원을 학습하기 위해 꼭 알아야 할 단어입니다.
다음 물음에 답해 보세요.

(1) 다음 뜻에 해당하는 단어를 써 보세요.

뜻	단어
① 산과 강, 사막, 평야, 바다 등의 지형과 기후, 식생 등을 포함한 자연 상태의 환경을 말한다.	
② 인구, 도시, 산업, 교통, 문화 등 인간에 의해 만들어진 환경을 말한다.	
③ 적도 부근의 높은 산지에서 나타나는 기후로, 일 년 내내 우리나라의 봄처럼 온화한 날씨가 나타난다.	

(2) 다음 글에 해당하는 단어를 글자 박스 에서 찾아 써 보세요.

① 적도를 기준으로 남쪽 또는 북쪽으로 얼마나 떨어져 있는지를 각도(°)로 나타
낸 것이다.   (   )

② 가옥이 지면으로부터 떨어져 있기 위해 높게 지은 집을 말한다.
                                              (   )

③ 정치, 사회, 경제, 문화 등 다양한 분야에서 세계가 하나의 공동체로 통합되어
가는 현상이다.   (   )

글자 박스

지	위	고	세
역	상	계	도
화	화	가	옥

정답 (1) ① 자연환경 ② 인문환경 ③ 고산 기후 (2) ① 위도 ② 고상 가옥 ③ 세계화

모자이크 세계

1 지역마다 다르게 나타나는 특성 `6학년 | 2학기 | 1단원 연계`

1 세계의 다양한 자연환경 🔵 핵심 point 세계의 다양한 지형과 기후 분포를 지도에서 확인해 보세요.

세계의 지형	세계의 기후
세계 여러 지역에는 산맥, 평야, 사막, 바다, 강 등 다양한 지형이 나타남	세계에는 열대·건조·온대·냉대·한대·고산 기후 등 다양한 기후가 나타남

(지도) 로키산맥, 알프스산맥, 히말라야산맥, 사하라 사막, 아마존강, 안데스산맥, 대서양, 태평양, 인도양, 0°

(지도) 대서양, 태평양, 인도양, 북회귀선, 남회귀선, 0°
열대 기후 / 건조 기후 / 온대 기후 / 냉대 기후 / 한대 기후 / 고산 기후
(『필립스 세계 지도』, 2022)

2 세계의 다양한 지역성 🔵 핵심 point 세계는 위치에 따라 지역성이 다양하게 나타나요.

지역성의 의미	다른 지역과 구별되는 그 지역만의 독특한 특성
지역성이 나타나는 이유	각 지역은 서로 다른 **위치**에 있음 ──때문에→ 서로 다른 **자연환경**이 나타나고 ──이를 토대로→ 인간이 만든 **인문환경**이 조화를 이루며 그 지역만의 **지역성**이 나타남
위도에 따른 지역성 차이	(그림) 고위도 60°N, 중위도 30°N, 저위도 적도 0°, 태양 에너지, 태평양

	위치	자연환경	인문환경
	고위도 지역 →	태양 에너지를 적게 받아 기온이 낮음 →	두꺼운 옷, 이글루
	저위도 지역 →	태양 에너지를 많이 받아 기온이 높음 →	얇은 옷, 고상 가옥

바로학습 ❶ 위치에 따른 지역성 구분하기 ▶ 정답과 해설 02쪽

위치(위도)에 따른 기후 특징에 대한 설명 중 맞는 내용을 골라 ○표 해 보세요.

㉠ 고위도 지역은 태양 에너지를 (많이 / 적게) 받아서 기온이 (높다 / 낮다).

㉡ 저위도 지역은 태양 에너지를 (많이 / 적게) 받아서 기온이 (높다 / 낮다).

2 모자이크 세계 속 지역의 차이와 다양성 6학년 | 2학기 | 1단원 연계

1 모자이크 세계 핵심 point 각 지역의 위치에 따라 나타나는 지역성을 두 가지 이상 말할 수 있어야 해요!

(1) 세계는 독특한 특성을 가진 여러 지역이 모여 모자이크 세계를 이루고 있음
(2) 지역의 특성은 지역의 지리, 역사, 문화적 배경 속에서 오랜 시간에 걸쳐 만들어짐
(3) 세계시민으로서 지역의 차이와 다양성을 인식해야 함

국가	❶ 그리스	❷ 몽골	❸ 러시아
모습			
자연환경	여름철 날씨가 덥고 건조함	• 건조 기후가 나타남 • 초원과 사막을 볼 수 있음	일 년 내내 추운 기후가 나타남
인문환경	• 포도, 올리브, 오렌지를 많이 재배함 • 여름철 뜨거운 햇빛을 반사하기 위해 벽을 하얗게 칠한 건물이 많음	• 초원 지역에서 유목이 이루어짐 • 유목민들은 이동식 가옥인 게르에서 생활함	• 네네츠족은 순록을 기르는 유목 생활을 함 • 동물의 가죽과 털로 만든 옷을 입음

국가	❹ 이집트	❺ 베트남	❻ 페루
모습			
자연환경	• 건조 기후가 나타남 • 사막이 넓게 펼쳐져 있음	대체로 일 년 내내 기온이 높고 강수량이 풍부함	• 연중 봄과 같이 온화한 날씨 • 안데스산맥에 위치
인문환경	사막의 열기와 모래바람을 막기 위해 길고 헐렁한 옷을 입음	벼농사가 활발하며 쌀을 이용한 음식 문화가 발달함	마추픽추 등 잉카 문명의 유적지가 관광지로 이용됨

바로학습 2 세계의 다양한 지역성 추론하기 ▶ 정답과 해설 02쪽

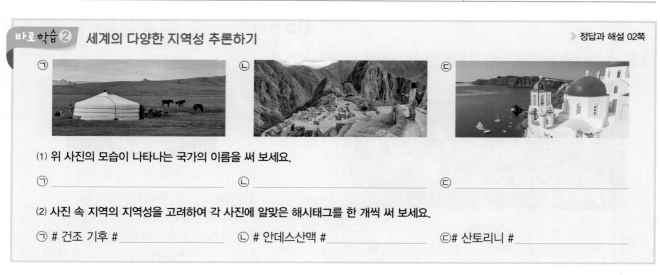

(1) 위 사진의 모습이 나타나는 국가의 이름을 써 보세요.

㉠ _____ ㉡ _____ ㉢ _____

(2) 사진 속 지역의 지역성을 고려하여 각 사진에 알맞은 해시태그를 한 개씩 써 보세요.

㉠ # 건조 기후 # _____ ㉡ # 안데스산맥 # _____ ㉢# 산토리니 # _____

01 다음 설명이 맞으면 ○표, 틀리면 ✕표 하시오.

(1) 지형이나 기후는 자연환경에 속한다. (　　)

(2) 세계의 기후는 열대 기후, 온대 기후, 냉대 기후 세 가지로만 구분할 수 있다. (　　)

(3) 세계는 인문환경을 토대로 자연환경이 조화를 이루며 지역성을 형성한다. (　　)

02 다음 설명의 알맞은 말에 ○표 하시오.

> 저위도 지역은 기온이 (높아 / 낮아) 사람들이 주로 (얇은 / 두꺼운) 옷을 입고 (이글루 / 고상 가옥)을/를 짓고 산다.

03 초성을 참고하여 빈칸에 들어갈 알맞은 단어를 쓰시오.

> 초원이 넓게 펼쳐진 몽골에서는 풀을 찾아 이동하면서 가축을 기르기 위해 쉽게 해체하고 지을 수 있는 가옥인 ㄱ ㄹ 을/를 볼 수 있다.

04 사진 속 지역성이 나타나는 국가를 보기 에서 찾아 쓰시오.

보기

ㄱ. 몽골　ㄴ. 그리스　ㄷ. 이집트　ㄹ. 페루

쑥쑥 문제

01 지역성에 대한 옳은 설명을 보기 에서 고른 것은?

보기

ㄱ. 지역의 위치에 따라 지역성은 다르다.

ㄴ. 다른 지역과 구별되는 지역의 특성을 말한다.

ㄷ. 기후, 인구 등 자연환경의 영향을 받아 형성된다.

ㄹ. 기후가 같은 지역에서는 지역성이 항상 동일하게 나타난다.

① ㄱ, ㄴ　　② ㄱ, ㄷ　　③ ㄴ, ㄷ
④ ㄴ, ㄹ　　⑤ ㄷ, ㄹ

02 세계의 기후 지역을 나타낸 지도를 보고 추론한 내용으로 옳지 않은 것은?

(『필립스 세계 지도』, 2022)

① 지역의 위치에 따라 기후가 다르다.

② 같은 위도에서는 동일한 기후가 나타난다.

③ 저위도에서 고위도로 갈수록 기온이 낮아진다.

④ 기후에 따라 사람들의 생활 모습이 다를 것이다.

⑤ 적도에서 극지방으로 가면서 대체로 열대·건조·온대·냉대·한대 기후 순으로 나타난다.

03 베트남에서 사진과 같은 음식이 발달하는 데에 영향을 준 요인으로 적절한 것은?

① 음식과 관련된 역사적 배경 때문에

② 이슬람교를 믿는 종교적 특성 때문에

③ 해발 고도가 높은 지형적 특징 때문에

④ 다른 지역의 음식 문화를 흡수했기 때문에

⑤ 기온이 높고 강수량이 많은 기후 특징 때문에

04 다음은 위도에 따른 태양 에너지의 차이를 보여 주는 자료이다. 이에 대한 옳은 설명을 보기 에서 고른 것은?

보기

ㄱ. 위도에 따라 기후가 달라짐을 알 수 있다.
ㄴ. 고위도에서 저위도 지역으로 갈수록 기온이 낮아진다.
ㄷ. 저위도 지역은 기온이 높아 사람들이 얇은 옷을 입을 것이다.
ㄹ. 중위도 지역은 기온이 낮아 사람들이 이글루를 짓고 살 것이다.

① ㄱ, ㄴ　　② ㄱ, ㄷ　　③ ㄴ, ㄷ
④ ㄴ, ㄹ　　⑤ ㄷ, ㄹ

[05~06] 다음 사진을 보고 물음에 답하시오.

(가)　　　　　　　　(나)

05 (가), (나)와 같은 모습을 볼 수 있는 국가를 바르게 짝지은 것은?

	(가)	(나)
①	페루	몽골
②	페루	그리스
③	몽골	페루
④	그리스	몽골
⑤	그리스	페루

06 (가), (나)와 관련 있는 기후를 바르게 연결한 것은?

① (가)-열대　② (가)-건조　③ (나)-열대
④ (나)-온대　⑤ (나)-건조

도전!!

07 지도에 표시된 A~C 지역의 지역성에 대한 설명으로 옳은 것은?

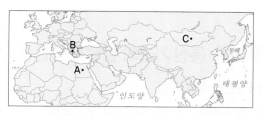

① A – 열기와 모래바람을 막기 위해 길고 헐렁한 옷을 입는다.
② B – 넓은 초원이 발달하여 유목 생활을 주로 한다.
③ B – 이곳의 네네츠족은 주로 순록을 유목하며 생활한다.
④ C – 열대 기후가 나타나며 주로 얇고 가벼운 옷을 입는다.
⑤ C – 기온이 높고 강수량이 풍부해 벼농사가 활발히 이루어진다.

서술형

08 사진 속 지역의 자연환경과 인문환경의 특징을 각각 한 가지씩 서술하시오.

• 자연환경: ＿＿＿＿＿＿＿＿＿＿＿＿＿＿＿

＿＿＿＿＿＿＿＿＿＿＿＿＿＿＿＿＿＿＿

• 인문환경: ＿＿＿＿＿＿＿＿＿＿＿＿＿＿＿

＿＿＿＿＿＿＿＿＿＿＿＿＿＿＿＿＿＿＿

02 네트워크 세계

우리의 약속 ✋ 회색으로 써진 글씨는 따라 쓰고, 색이 칠해진 부분을 형광펜으로 줄을 치며 꼼꼼히 읽어보세요.

1 교통·통신 기술의 발달과 공간적 상호 작용

1 공간적 상호 작용

(1) 각 지역마다 지역성(자연환경, 인문환경)이 달라 부족한 것을 채우기 위해 사람, 물자, 정보 등이 이동됨

(2) 작은 규모에서부터 전 지구적 규모까지 다양한 공간 스케일로 연결됨

도시 ↔ 국가 ↔ 대륙 ↔ 세계

2 공간적 상호 작용이 증가한 이유

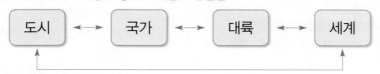 핵심 point 공간적 상호 작용은 교통·통신 기술의 발달로 증가했어요.

교통의 발달	• 고속 철도, 대형 선박, 항공기 등 새로운 교통수단이 등장함 이에 따라 • 사람과 물자가 다른 지역으로 빠르고 편리하게 이동할 수 있게 됨 • 국경을 초월한 지역 간 상호 작용이 활발해짐
통신 기술의 발달	• 초고속 인터넷 등의 통신 기술이 발달함 • 최근 들어 스마트폰이 보편화됨 ↓ 이에 따라 • 인터넷과 스마트폰을 이용하여 언제 어디서나 쇼핑할 수 있으며, 해외의 물건을 직접 구매하는 소비가 증가하고 있음 • 전 세계 사람들이 사회 관계망 서비스(SNS)를 통해 실시간으로 소통하고 정보를 공유할 수 있게 됨

▲ 2018년의 항공 노선

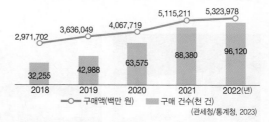

▲ 연도별 해외 직접 구매액과 구매 건수

 이처럼 교통과 통신 기술이 발달하면서 지역 간 사람, 물자, 상품과 서비스, 정보 등의 이동과 소통이 이루어지는 공간적 상호 작용은 더욱 활발해지고 있어요.

바로학습 1 통신 기술 발달에 따른 공간적 상호 작용 파악하기

> 정답과 해설 02쪽

자료를 참고하여 통신 기술의 발달로 공간적 상호 작용에 어떠한 변화가 일어났는지 사례를 한 가지 이상 써 보세요.

편지　　전보　　전화　　스마트폰

오늘날 스마트폰과 같은 통신 수단의 발달로 세계 곳곳의 사람들과 쉽게 연락할 수 있게 되었어!

2 지역과 지역이 연결된 네트워크 세계

[사례 1] 자동차 출고 지연

▲ 자동차 주요 부품의 생산지

부품 공급 지역에서 문제가 발생하면 전체 자동차 제조에 차질이 생김

① 한파 – 미국

미국 텍사스주의 기록적인 한파로 대규모 전력 부족과 정전 사태가 발생했어. 이곳 반도체 공장들이 가동을 멈춰 반도체를 공급할 수 없었어.

② 전염병의 확산 – 중국

바이러스 확산을 막기 위해 최초 발생 지역을 봉쇄하고, 지역의 모든 생산 활동을 중지했어. 봉쇄 지역에서 생산하던 전선 묶음을 기업들에 공급할 수 없었지.

③ 전쟁 – 프랑스

러시아와 우크라이나의 전쟁으로 유리 제작에 필요한 천연가스를 공급받지 못했어. 그래서 자동차 부품용 유리 제작에 어려움을 겪었어.

[사례 2] 청바지 생산과 판매

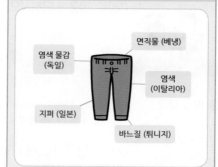

▲ 청바지의 원료와 부품별 생산지

하나의 청바지는 세계 여러 지역을 거쳐 만들어짐

① 청바지 디자인 – 미국

본사가 있는 미국에서 청바지 디자인을 해.

② 청바지 제작 – 멕시코

노동력이 저렴한 멕시코에서 청바지를 만들지.

③ 청바지 운송과 구매 – 대한민국

세계 각지 매장으로 배송된 미국 청바지는 우리나라의 상점이나 인터넷 쇼핑몰에서 구매할 수 있어.

[사례 3] 라면 소비 증가가 세계에 미치는 영향

▲ 라면의 제조 및 소비 과정

라면의 소비가 증가하면 생산 지역 및 국가에 영향을 미침

① 밀 재배 확대 – 오스트레일리아

오스트레일리아의 밀 재배가 확대되면서 밀 생산량과 수출량이 증가했어.

② 지역의 변화 – 인도

인도에 라면 공장이 새롭게 세워지면서 일자리가 늘어났어.

③ 환경 오염 – 말레이시아

말레이시아의 팜유 생산량 증가에 따른 팜유 재배지 개발로 산림이 많이 파괴되었어.

[01~02] 다음 그림을 보고 물음에 답하시오.

편지　　전보　　전화　　스마트폰

01 다음 글의 빈칸에 들어갈 알맞은 단어를 써 보세요.

> 위 그림은 (　　　) 수단의 발달을 보여 주고 있다. 과거와는 다르게 오늘날 우리는 스마트폰으로 세계 곳곳의 사람들과 실시간으로 소통하고 있다.

02 괄호 안에 알맞은 단어를 고르시오.

(1) 통신 수단의 발달에 따라 정보가 공유되는 속도가 점차 (빨라 / 느려)지고 있다.

(2) 교통·통신 기술의 발달로 지역 간 교류가 (증가 / 감소)하고 있다.

03 초성을 참고하여 빈칸에 들어갈 알맞은 단어를 쓰시오.

> ㄱㄱㅈ ㅅㅎ ㅈㅇ(이)란 사람과 물자, 정보 등의 지역 간 교류를 가리킨다. 이는 교통·통신 기술의 발달로 더욱 활발하게 이루어지고 있다.

04 다음 설명이 맞으면 ○표, 틀리면 ×표 하시오.

(1) 공간적 상호 작용은 지역, 국가, 세계 등 다양한 규모에서 나타난다. (　　)

(2) 공간적 상호 작용은 과거에 비해 양이 축소되고 있는 추세이다. (　　)

(3) 세계적 규모의 공간적 상호 작용은 국가 규모의 공간적 상호 작용에 영향을 미치지 않는다. (　　)

[01~02] 항공 네트워크의 변화를 보여 주는 자료를 보고 물음에 답하시오.

▲ 1935년의 항공 노선

▲ 2018년의 항공 노선

01 자료에 대한 옳은 설명을 〈보기〉에서 모두 고른 것은?

> **보기**
> ㄱ. 교통의 발달을 보여 주는 자료이다.
> ㄴ. 1935년보다 2018년에 항공 노선이 줄어들었다.
> ㄷ. 1935년보다 국경을 초월한 이동이 감소하였을 것이다.
> ㄹ. 사람과 물자가 다른 지역으로 더욱 빠르게 이동할 수 있게 되었다.

① ㄱ, ㄴ　　② ㄱ, ㄹ　　③ ㄴ, ㄷ
④ ㄱ, ㄷ, ㄹ　　⑤ ㄴ, ㄷ, ㄹ

02 위 자료의 제목으로 가장 적절한 것은?

① 모자이크 세계
② 정보 교류의 복잡성
③ 생활 공간 범위 축소
④ 지역 접근성의 감소
⑤ 공간적 상호 작용의 증가

03 공간적 상호 작용에 대한 옳은 설명을 〈보기〉에서 고른 것은?

> **보기**
> ㄱ. 물자의 지역 간 교류만을 뜻한다.
> ㄴ. 새로운 교통수단의 등장으로 더욱 활발해졌다.
> ㄷ. 통신 기술의 발달로 다양한 정보가 빠르게 공유되고 있다.
> ㄹ. 지역의 공간적 제약이 증가하면서 공간적 상호 작용도 증가했다.

① ㄱ, ㄷ　　② ㄱ, ㄹ　　③ ㄴ, ㄷ
④ ㄴ, ㄹ　　⑤ ㄷ, ㄹ

04 자료에 대한 옳은 설명을 보기 에서 고른 것은?

지구 반대편에 있는 친구에게 메일을 보내야지.

보기

ㄱ. 정보 통신 기술의 발달을 보여 준다.
ㄴ. 인터넷을 통한 해외 직접 구매는 감소하였을 것이다.
ㄷ. 인터넷을 통해 세계 사람들이 실시간으로 소통한다.
ㄹ. 과거보다 적은 양의 정보가 빠르게 공유되고 있을 것이다.

① ㄱ, ㄷ ② ㄱ, ㄹ ③ ㄴ, ㄷ
④ ㄴ, ㄹ ⑤ ㄷ, ㄹ

05 빈칸에 들어갈 알맞은 용어로 옳은 것은?

유리 (프랑스)
오디오 (독일)
에어컨 (일본)
운전대 (미국)
타이어 (대한민국)
반도체 (미국)

▲ 자동차 주요 부품의 생산지

하나의 자동차는 대체로 세계 여러 나라에서 부품을 받아 조립하여 완성한다. 그래서 어느 한 곳에서 부품 공급에 문제가 생기면 자동차 전체 생산이 멈출 수 있다. 이는 (   )과/와 관련 있다.

① 지역성
② 문화 교류
③ 네트워크 세계
④ 모자이크 세계
⑤ 교통수단의 발달

도전!!

06 다음 자료에 대한 옳은 설명을 하는 학생을 고른 것은?

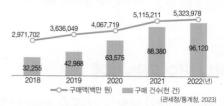

	2018	2019	2020	2021	2022(년)
구매액(백만 원)	2,971,702	3,636,049	4,067,719	5,115,211	5,323,978
구매 건수(천 건)	32,255	42,988	63,575	88,380	96,120

(관세청/통계청, 2023)

▲ 연도별 해외 직접 구매액과 구매 건수

소윤: 해외로 직접 찾아가 외국 상품을 구매하는 것과 관련된 자료네.
민아: 이러한 변화는 정보 통신 기술의 발달로 나타나게 되었어.
수현: 사람, 물자 등이 이동할 수 있는 공간적 범위는 줄어들고 있어.
예은: 스마트폰이 보편화되면서 이와 같은 현상이 더욱 활발해지고 있어.

① 소윤, 수현 ② 소윤, 예은 ③ 민아, 수현
④ 민아, 예은 ⑤ 수현, 예은

서술형

07 다음 글을 읽고 물음에 답하시오.

교통과 통신의 발달로 멀리 있는 지역과도 많은 교류가 이루어지고 지역 간 상호연계성과 상호의존성이 강화되고 있다. 그 결과 세계 여러 지역이 하나로 연결된 (   ) 세계가 형성되었다.

(1) 빈칸에 들어갈 알맞은 말을 쓰시오.

_____

(2) 위 글에 해당하는 사례를 한 가지 서술하시오.

_____

_____

O3 세계는 하나로, 지역은 세계로

1 하나 되어 가는 세계

1 세계화의 의미와 양상 핵심 point 세계화가 진행됨에 따라 긍정적 영향과 부정적 영향이 모두 나타나요.

(1) **의미** 다양한 분야에서 세계가 하나의 공동체로 통합되어 가는 현상
(2) **특징** 교통과 통신의 발달로 지역 간의 교류 증가하여 하나의 지구촌이 형성됨
(3) **영향**

경제의 세계화	특징	세계화로 상품, 자본, 노동 등의 교류가 일어나 세계가 하나의 시장을 형성함
	긍정적 영향	소비자가 세계 여러 나라의 다양한 상품을 쉽게 구입할 수 있음
	부정적 영향	국가 및 기업 간 경쟁이 치열해지고, 지역 간 경제적 격차가 커지기도 함
문화의 세계화	특징	• 음악, 영화 등 일상생활 속 문화 요소들이 지구적 차원에서 활발하게 교류함 • 세계 각 지역의 문화가 유사해지는 현상이 발생함
	긍정적 영향	세계 여러 나라의 다양한 문화를 접할 수 있음
	부정적 영향	지역의 고유문화가 변형되거나 사라지기도 하며, 세계의 문화가 비슷해지는 문화 획일화 현상이 나타나기도 함

(4) **세계화의 사례**

햄버거의 세계화	슈퍼마켓 속의 세계화	청바지의 세계화

▲ 패스트푸드 기업의 햄버거	▲ 다양한 원산지의 먹거리	▲ 베트남 호찌민 거리의 청바지를 입은 사람들
햄버거 매장을 통해 세계 어디에서든 햄버거를 쉽게 접할 수 있음	세계 여러 지역에서 생산 및 배송되어 온 먹거리를 쉽게 구입할 수 있음	세계 각지 사람들이 즐겨 입는 의복이 비슷해짐

바로학습 1 **세계화의 영향 구분하기**   ▶ 정답과 해설 03쪽

다음은 세계화의 사례를 나타낸 것입니다. 세계화의 긍정적 영향이면 '긍정적', 부정적 영향이면 '부정적'이라고 써 보세요.

㉠ 슈퍼마켓에서 세계 여러 나라의 물건을 쉽게 살 수 있어요. ( )	㉡ 사람들이 청바지를 즐겨 입으면서 전통 의복이 사라지고 있어요. ( )	㉢ 세계 여러 나라의 다양한 문화를 접할 수 있어요. ( )

2 세계로 향하는 지역의 변화

1 지역화의 의미와 특징

의미	지역이 세계적인 차원에서 고유한 가치를 지니게 되는 현상
특징	• 각 지역은 지역의 고유한 전통이나 특성을 이용하여 세계적인 경쟁력을 갖추려고 노력함 • 지역 축제, 지역 브랜드, 지리적 표시제 등의 지역화 전략을 활용함 • 지역의 변화가 세계에 영향을 미침 → 세계 여러 지역에 관한 이해가 중요해짐

2 지역화 전략

 사례를 보고 어떤 지역화 전략에 해당하는지 구분할 수 있어야 해요!

지역 축제	• 지역의 자연환경, 특산물, 역사 등을 이용한 축제를 개최 • 세계 여러 지역의 관광객을 유치함 → 지역 경제에 큰 도움이 됨 • 예

▲ **라 토마티나** 에스파냐 부뇰에서 개최하는 축제로, 지역 특산물인 토마토를 던지며 즐기는 행사가 열림

▲ **보령 머드 축제** 갯벌이 발달한 우리나라 보령에서 열리는 축제로, 전 세계인이 진흙 위에서 다양한 행사를 즐김

▲ **송끄란 축제** 타이 전역에서 열리는 축제로, 더위를 식히고 축복을 기원하는 뜻으로 서로에게 물을 뿌림

▲ **리우 카니발** 아프리카와 포르투갈 문화가 결합된 브라질의 축제로, 화려한 삼바 퍼레이드를 볼 수 있음

지역 브랜드	• 지역 그 자체나 지역의 상품을 소비자가 특별한 브랜드로 인식하도록 하는 전략 • 예 미국 뉴욕의 'I♥NY', 네덜란드 암스테르담의 'I amsterdam'

▲ 네덜란드 암스테르담의 지역 브랜드

지리적 표시제	• 특정 지역의 지리적 특성을 반영한 생산품임을 증명하고 표시하는 제도 • 지역의 우수한 상품에 대한 경쟁력을 높임 • 예 콜롬비아의 콜롬비안 커피, 이탈리아의 부팔라캄피냐모차렐라치즈, 인도의 다르질링차 등

▲ 콜롬비아 커피 ▲ 인도 차

바로학습 2 지역화 사례 살펴보기

> 정답과 해설 03쪽

각 사진에 해당하는 국가의 이름을 ㉠~㉣에 쓰고, 지도에서 각 국가의 위치를 찾아 선으로 연결해 보세요.

㉠

㉢

㉡

㉣

탄탄 문제

01 다음 설명이 맞으면 ○표, 틀리면 ✕표 하시오.

(1) 세계화는 세계 각 지역이 하나의 공동체로 통합되어 가는 현상이다. ( )

(2) 세계화로 지역 고유문화의 정체성은 강해진다. ( )

(3) 세계화는 지역 간 상호연계성이 감소하며 발생하고 있다. ( )

02 다음 설명의 초성을 참고하여 알맞은 단어를 써 보시오.

슈퍼마켓에 가면 세계에서 온 다양한 먹거리들을 만날 수 있다. 이는 세계화로 상품, 자본 등이 교류하며 하나의 시장을 형성하는 ㄱㅈㅇㅅ ㄱㅎ 때문이다.

03 세계화의 긍정적·부정적 영향을 보기 에서 골라 기호를 쓰시오.

보기
ㄱ. 문화 획일화 현상이 나타나게 되었다.
ㄴ. 지역 간 경제적 격차가 커지게 되었다.
ㄷ. 소비자가 다양한 상품을 구입할 수 있게 되었다.

(1) 긍정적 영향	(2) 부정적 영향

04 다음 설명에 해당하는 용어를 보기 에서 골라 기호를 쓰시오.

보기
ㄱ. 지역화   ㄴ. 지역 축제   ㄷ. 지역 브랜드

(1) 지역 자체를 소비자가 특별한 브랜드로 인식함 ( )

(2) 한 지역이 세계적으로 독자적 가치를 지니게 되는 현상 ( )

(3) 지역의 독특한 정체성을 이용해 축제를 개최함 ( )

쏙쏙 문제

[01~02] 다음 글을 읽고 물음에 답하시오.

햄버거는 오늘날 전 세계 사람들이 즐겨 먹는 음식 중 하나로, A 햄버거 매장을 통해 전 세계 어느 지역에서나 햄버거를 쉽게 접할 수 있게 되었다.

01 위 글과 관련 있는 용어로 옳은 것은?

① 문화 갈등
② 지역 축제
③ 지역 브랜드
④ 지리적 표시제
⑤ 문화의 세계화

02 위 글과 같은 현상이 나타나게 된 배경을 보기 에서 고른 것은?

보기
ㄱ. 전통문화의 보존
ㄴ. 빈부 격차의 증가
ㄷ. 교통과 통신의 발달
ㄹ. 지역 간 교류의 증가

① ㄱ, ㄴ   ② ㄱ, ㄷ   ③ ㄴ, ㄷ
④ ㄴ, ㄹ   ⑤ ㄷ, ㄹ

03 그림에 대한 옳은 설명을 보기 에서 모두 고른 것은?

우아! 마트에 가니 세계 곳곳에서 온 상품이 많네.

보기
ㄱ. 교통의 발달로 나타나게 된 현상이다.
ㄴ. 세계가 하나의 공동체로 통합되어 가고 있다.
ㄷ. 지역 간의 상호 교류가 증가하면서 발생하는 현상이다.
ㄹ. 지역 간의 상호의존성이 감소하면서 발생하는 현상이다.

① ㄱ, ㄴ   ② ㄱ, ㄹ   ③ ㄴ, ㄷ, ㄹ
④ ㄱ, ㄴ, ㄷ   ⑤ ㄱ, ㄷ, ㄹ

04 다음 글의 현상에 대한 설명으로 옳지 <u>않은</u> 것은?

> 우리나라의 한복, 중국의 치파오, 베트남의 아오자이 등 지역마다 독특한 전통 의복이 존재한다. 그러나 오늘날 서양에서 들어온 청바지, 티셔츠 등의 패션 문화로 우리나라, 중국, 베트남 사람들의 옷차림은 비슷해졌다.

① 문화의 세계화에 따른 현상이다.
② 문화의 다양성이 훼손될 수 있다.
③ 지역의 전통문화가 훼손될 수 있다.
④ 문화의 교류가 축소되면서 나타난 현상이다.
⑤ 서양의 의복 문화가 세계 여러 나라로 전파되었다.

05 빈칸에 들어갈 용어로 옳은 것은?

> 지역의 경쟁력을 높이기 위해 경제적·문화적 측면에서 다른 지역과 차별화할 수 있는 계획을 마련하는 것을 (   )(이)라고 한다.

① 문화 획일화
② 지역화 전략
③ 세계화 전략
④ 경제의 세계화
⑤ 문화의 세계화

06 (가), (나)에 해당하는 지역화 전략의 명칭을 바르게 짝지은 것은?

(가)	(나)

	(가)	(나)
①	지역 축제	지역 브랜드
②	지역 축제	지리적 표시제
③	지역 브랜드	지역 축제
④	지역 브랜드	지리적 표시제
⑤	지리적 표시제	지역 축제

[07~08] 다음 지도를 보고 물음에 답하시오.

도전!!

07 지도에 표시된 A~C 지역의 지역화 전략에 관한 설명으로 옳은 것은?

① A – 매년 토마토를 던지며 즐기는 축제가 열린다.
② A – 물을 뿌리며 더위를 식히는 송끄란 축제가 개최된다.
③ B – 갯벌의 머드를 이용한 축제로 유명하다.
④ B – 'I amsterdam'이라는 지역 브랜드가 있다.
⑤ C – 이곳에서 생산되는 다르질링 차가 유명하다.

도전!!

08 지도에 표시된 D 지역의 지역화 전략에 대한 옳은 설명을 보기에서 모두 고른 것은?

> **보기**
>
> ㄱ. 리우 카니발이라는 지역 축제가 매년 열린다.
> ㄴ. 지역의 특산물을 이용한 세계적인 축제로 유명하다.
> ㄷ. 교통의 발달로 D 지역의 지역화 전략이 지닌 중요성이 약화 되었다.
> ㄹ. 유럽의 축제 문화와 아프리카의 전통문화가 결합한 축제가 개최된다.

① ㄱ, ㄴ   ② ㄱ, ㄹ   ③ ㄷ, ㄹ
④ ㄱ, ㄴ, ㄷ   ⑤ ㄴ, ㄷ, ㄹ

서술형

09 다음 자료에 해당하는 지역화 전략의 명칭을 쓰고 그 의미를 서술하시오.

_____

01 다음 글에서 설명하고 있는 개념으로 옳은 것은?

> 다른 지역과 구별되는 지역의 특성을 말한다.

① 공간 ② 장소 ③ 지표
④ 지역성 ⑤ 장소감

02 지역성에 대해 옳은 설명을 하는 학생을 고른 것은?

> 민서: 세계는 위치에 따라 다양한 지역성이 나타나.
> 소희: 한 지역 안에는 한 개의 지역성만 나타나!
> 온유: 다양한 지역성을 가진 지역들이 모자이크 세계를 이루고 있지!
> 지호: 지역성은 그 지역의 지리, 역사, 문화적 배경 속에서 짧은 시간에 걸쳐 만들어져.

① 민서, 소희 ② 민서, 온유
③ 소희, 지호 ④ 소희, 온유
⑤ 온유, 지호

03 (가), (나)에 해당하는 국가를 바르게 연결한 것은?

> (가) 이곳의 북극해 연안은 일 년 내내 추운 기후로 농경에 불리하다. 이곳에 사는 네네츠족은 주로 순록을 유목하며 생활한다.
> (나) 사막이 넓게 펼쳐져 있으며, 사막의 열기와 모래바람을 막기 위해 길고 헐렁한 옷을 입는다.

	(가)	(나)		(가)	(나)
①	미국	이집트	②	그리스	미국
③	그리스	러시아	④	러시아	그리스
⑤	러시아	이집트			

04 다음 사진의 모습을 볼 수 있는 지역의 지역성으로 옳은 것은?

▲ 게르

① 지중해성 기후가 나타난다.
② 일 년 내내 우리나라 봄과 같은 날씨가 나타난다.
③ 강수량이 적어 주민들이 유목 생활을 주로 한다.
④ 다른 지역에 비해 기온이 높아 얇고 짧은 옷을 입는다.
⑤ 기온이 높고 강수량이 많아 벼농사가 활발한 지역이다.

주관식
05 사진 속 모습을 볼 수 있는 국가 이름을 쓰시오.

▲ 여름철 뜨거운 햇빛을 막기 위해 벽을 하얗게 칠한 가옥

06 자료를 보고 추론할 수 있는 내용으로 옳은 것을 보기 에서 모두 고른 것은?

편지 전보 전화 스마트폰

보기
> ㄱ. 통신 기술의 발달을 나타내고 있다.
> ㄴ. 공간적 상호 작용은 갈수록 감소할 것이다.
> ㄷ. 이러한 변화로 해외 직접 구매의 규모는 증가하고 있을 것이다.
> ㄹ. 전 세계 사람들이 언제 어디서나 실시간으로 소통할 수 있게 되었다.

① ㄱ, ㄹ ② ㄴ, ㄷ ③ ㄴ, ㄹ
④ ㄱ, ㄴ, ㄷ ⑤ ㄱ, ㄷ, ㄹ

07 다음 자료에 대한 옳은 설명을 한 학생을 고른 것은?

> **라면**: 소맥분(말: <u>오스트레일리아산</u>, <u>미국산</u>), 감자 전분(덴<u>마크산</u>, <u>프랑스산</u>, <u>독일산</u> 등), 팜유(<u>말레이시아산</u>)

▲ 라면 속 재료의 원산지

> 소윤: 세계 여러 지역이 하나로 연결된 모습을 보여 주는군.
> 지우: 라면을 만들기 위해서 지역 간 상호연계성이 필요하네.
> 서준: 지역 간 공간적 제약이 강화되면서 이러한 현상이 나타났군.
> 도윤: 이러한 상호 교류는 경제 분야에서만 나타나지.

① 소윤, 지우 ② 소윤, 서준 ③ 지우, 서준
④ 지우, 도윤 ⑤ 서준, 도윤

08 다음 자료에 대한 설명으로 옳지 <u>않은</u> 것은?

▲ 독일의 햄버거   ▲ 우리나라의 햄버거

> 패스트푸드 기업인 M사의 매장을 통해 세계 어느 지역에서든 햄버거를 쉽게 접할 수 있다. 특히 독일에서는 소시지를 넣은 햄버거, 우리나라에서는 밥으로 만든 햄버거를 판매하며 세계인의 입맛을 사로잡고 있다.

① 세계가 하나의 공동체로 통합되어 가는 현상을 보여 준다.
② 지역 간 상호연계성이 증가하면서 이러한 현상이 나타난다.
③ 교통과 통신의 발달이 이러한 현상에 많은 영향을 주었다.
④ 세계적인 문화가 지역의 특성에 맞게 변화하여 전달되고 있다.
⑤ 햄버거 전파는 지역의 전통적인 음식 문화를 강화시키는 역할을 한다.

09 주관식 다음 빈칸에 들어갈 알맞은 말을 쓰시오.

> □□□은/는 정치, 사회, 경제, 문화 등 다양한 분야에서 세계가 하나의 공동체로 통합되어 가는 현상을 말한다.

10 (가), (나) 지역화 전략에 대한 옳은 설명을 보기에서 모두 고른 것은?

(가)   (나)

> **보기**
> ㄱ. (가)는 우리나라, (나)는 브라질의 지역화 전략과 관련 있다.
> ㄴ. (가)와 (나)는 지역 그 자체를 특별한 브랜드로 인식하도록 하는 지역화 전략이다.
> ㄷ. (가)와 (나)는 자연환경이나 지역 특산물, 전통 등을 이용하는 지역화 전략이다.
> ㄹ. (가), (나)와 같은 지역화 전략은 세계 관광객을 유치하고 지역 경제를 활성화하는 효과를 가져온다.

① ㄱ, ㄴ   ② ㄱ, ㄹ   ③ ㄷ, ㄹ
④ ㄱ, ㄴ, ㄷ   ⑤ ㄴ, ㄷ, ㄹ

11 주관식 다음에서 설명하는 지역화 전략의 명칭을 쓰시오.

> 지역 그 자체나 지역의 상품을 소비자가 특별한 브랜드로 인식하도록 하는 전략이다. 미국 뉴욕의 'I♥NY', 네덜란드 암스테르담의 'I amsterdam'등이 대표적이다.

▲ 네덜란드 암스테르담의 지역화 전략

Ⅱ 아시아

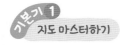

아시아 파헤치기

기본기 1 지도 마스터하기 아시아 백지도의 ❶~⓫에 해당하는 주요 국가와 도시의 이름을 알맞게 써 보세요.

➡ 빈칸을 모두 채울 수 없다면, 세계 지도 워크북에서 학습하길 바라요!

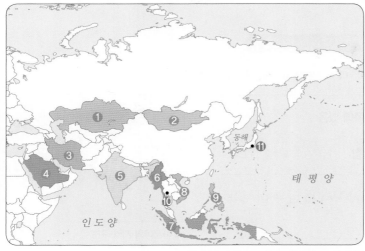

번호	국가명	번호	국가명
❶		❼	
❷		❽	
❸		❾	
❹		**번호**	**도시명**
❺		❿	
❻		⓫	

정답 ❶ 카자흐스탄 ❷ 몽골 ❸ 이란 ❹ 사우디아라비아 ❺ 인도 ❻ 미얀마 ❼ 인도네시아 ❽ 베트남 ❾ 필리핀 ❿ 방콕 ⓫ 도쿄

기본기 2 낯선 용어와 친해지기 〈II. 아시아〉 단원을 학습하기 위해 꼭 알아야 할 단어입니다. 다음 물음에 답해 보세요.

(1) 다음 글의 빈칸에 들어갈 단어를 글자 박스 에서 찾아 써 보세요.

① 유럽과 아시아를 합쳐서 □□□□ 대륙이라고 부른다. (   )

② 계절에 따라 바람의 방향이 달라지는 바람을 □□□(이)라고 한다.
(   )

③ 전체 인구 중 노인 인구의 비율이 증가하는 것을 □□□ 현상이라고 한다.
(   )

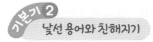

글자 박스
유 계 라
절 고 시
화 풍 아
현 령 상

(2) 다음 뜻에 해당하는 단어에 ○표 해 보세요.

뜻	단어
① 농사짓기 어려운 지역에서 가축을 데리고 다니며 이동하는 생활 방식이다.	(유목 / 이목)
② 이슬람 교도가 먹을 수 있는 것으로, 이슬람 율법에 따라 만들어진 음식을 말한다.	(하람 식품 / 할랄 식품)
③ 성별, 연령별 인구 구조를 한번에 파악할 수 있도록 표현한 그래프이다.	(히스토그램 / 인구 피라미드)

정답 (1) ① 유라시아 ② 계절풍 ③ 고령화 (2) ① 유목 ② 할랄 식품 ③ 인구 피라미드

01 아시아의 위치와 자연환경

1 아시아의 위치와 국가 및 주요 도시 [6학년 | 2학기 | 1단원 연계]

1 아시아의 위치와 지역 구분 핵심 point 아시아 대륙이 어떻게 구분되는지 지도를 꼭 확인하세요!

위치	• 우랄산맥을 기준으로 유라시아 대륙의 동쪽에 있음 • 서쪽으로는 유럽, 아프리카와 접함 • 동쪽으로는 태평양, 남쪽으로는 인도양과 접함
지역 구분	자연환경과 문화 특성을 따라 동아시아, 동남아시아, 남부 아시아, 서남아시아, 중앙아시아로 구분함

▲ 아시아의 지역 구분

2 아시아의 국가와 주요 도시 핵심 point 아시아의 국가와 주요 도시가 어느 지역에 속해 있는지 구분할 수 있어야 해요.

구분	주요 국가	주요 도시
동아시아	대한민국, 중국, 일본 등	서울(대한민국), 베이징·상하이(중국), 도쿄(일본) 등
동남아시아	타이, 베트남, 필리핀, 인도네시아 등	방콕(타이), 싱가포르(싱가포르) 등
남부 아시아	인도, 네팔, 방글라데시 등	뉴델리·뭄바이(인도), 다카(방글라데시) 등
서남아시아	이란, 사우디아라비아, 요르단 등	두바이(아랍 에미리트), 도하(카타르) 등
중앙아시아	우즈베키스탄, 카자흐스탄 등	사마르칸트(우즈베키스탄) 등

바로학습 1 아시아의 국가 위치 찾기
▶ 정답과 해설 04쪽

위 표에 소개된 아시아의 주요 국가를 지도에서 찾아 ○표 해 보세요.

2 아시아의 자연환경 6학년 | 2학기 1단원 연계

1 아시아의 지형 ^{핵심} point 아시아의 지형과 기후 분포를 지도로 확인하세요.

산지와 고원	히말라야산맥, 티베트고원
하천	티그리스–유프라테스강, 갠지스강, 메콩강, 황허강
사막	대륙 내부의 고비 사막, 아라비아반도의 룹알할리 사막

2 아시아의 기후와 주민 생활

(1) 기후 구분

열대 기후	적도 주변의 동남아시아, 남부 아시아 일부
건조 기후	대부분의 서남아시아, 중앙아시아
온대 기후	대부분의 동아시아
냉대 기후	동아시아의 북부 지역

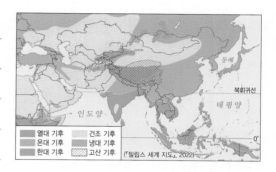

(2) 주민 생활

고상 가옥	벼농사	플랜테이션	유목
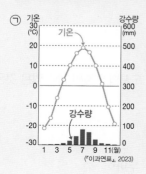	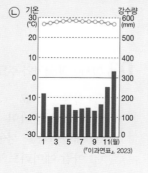	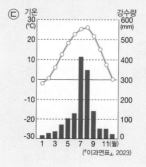	
열대 기후 지역에서는 바닥을 지표면으로부터 띄운 고상 가옥이 발달함	계절풍의 영향을 받는 온대 및 열대 기후 지역에서는 벼농사가 활발함	열대 기후 지역에서는 차, 카카오 등 열대작물을 대규모로 재배하는 농업이 발달함	농사짓기 어려운 건조 및 고산 지역에서는 양, 염소 등의 유목이 이루어짐

바로학습 2 **아시아의 기후 그래프 살펴보기**   ▶ 정답과 해설 04쪽

다음은 아시아 여러 지역의 기후 그래프입니다. ㉠~㉢ 그래프에 해당하는 지역을 보기 에서 찾아 써 보세요.

> **보기**
> • 서울 – 온대 기후
> • 싱가포르 – 열대 기후
> • 울란바토르 – 건조 기후

㉠ _____

㉡ _____

㉢ _____

01 다음은 아시아의 지역 구분을 나타낸 지도이다. 지도의 각 지역에 해당하는 명칭을 쓰시오.

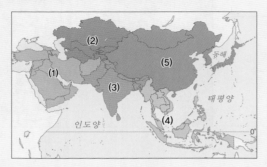

(1) _____ 아시아   (2) _____ 아시아

(3) _____ 아시아   (4) _____ 아시아

(5) _____ 아시아

02 다음 설명의 알맞은 말에 ○표 하시오.

(우랄 / 알프스 / 히말라야)산맥을 기준으로 유라시아 대륙의 동쪽을 아시아, 서쪽을 유럽이라고 부른다.

03 아시아의 국가와 주요 도시를 바르게 연결하시오.

(1) 중국 •　　　　　　• ㄱ. 도쿄

(2) 일본 •　　　　　　• ㄴ. 상하이

(3) 인도 •　　　　　　• ㄷ. 뭄바이

(4) 아랍 에미리트 •　　• ㄹ. 두바이

04 다음 설명이 맞으면 ○표, 틀리면 ×표 하시오.

(1) 아시아에는 히말라야산맥과 티베트고원이 발달하였다.　　　　　　　　　　　　　(　　)

(2) 아시아 대륙 내부에는 사하라 사막이 분포한다.　　　　　　　　　　　　　　(　　)

(3) 건조 기후 지역의 주민들은 고상 가옥에서 생활한다.　　　　　　　　　　　　(　　)

01 아시아에 대한 옳은 설명을 [보기]에서 고른 것은?

보기

ㄱ. 아시아와 유럽의 경계는 알프스산맥이다.

ㄴ. 아시아는 서쪽으로 유럽과 오세아니아를 접하고 있다.

ㄷ. 아시아의 국가에는 대한민국, 중국, 일본, 인도, 카타르 등이 있다.

ㄹ. 아시아는 동아시아, 동남아시아, 남부 아시아, 서남아시아, 중앙아시아로 구분할 수 있다.

① ㄱ, ㄴ　　　② ㄱ, ㄷ　　　③ ㄴ, ㄷ

④ ㄴ, ㄹ　　　⑤ ㄷ, ㄹ

02 밑줄 친 이 도시로 옳은 것은?

 중국의 수도인 이 도시는 제11회 아시안 게임의 개최지이다. 아시안 게임의 상징물에는 유네스코 세계 문화유산이자 중국을 대표하는 만리장성을 표현하였다.

① 도하　　　② 방콕　　　③ 서울

④ 베이징　　　⑤ 자카르타

03 아시아의 국가와 주요 도시의 연결이 옳지 <u>않은</u> 것은?

① 일본 – 도쿄

② 인도 – 뭄바이

③ 대한민국 – 서울

④ 아랍 에미리트 – 두바이

⑤ 방글라데시 – 사마르칸트

04 지도의 A 지형에 대한 설명으로 옳은 것은?

① 사막이 넓게 형성되어 있다.
② 티베트고원을 나타낸 것이다.
③ 아시아와 유럽을 나누는 경계이다.
④ 해발 고도가 낮은 하천 유역의 평야 지대이다.
⑤ 히말라야산맥으로 해발 고도가 높고 험준하다.

[05~06] 다음 지도는 아시아의 기후를 나타낸 것이다. 이를 보고 물음에 답하시오.

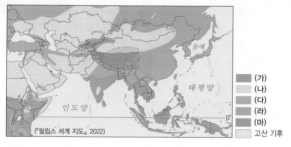

05 지도의 (가)~(마) 중 열대 기후에 해당하는 것은?

① (가) ② (나) ③ (다) ④ (라) ⑤ (마)

06 (나) 기후 지역에 대한 설명으로 옳은 것은?

① 일 년 내내 추운 지역이다.
② 토양이 비옥하고 물을 구하기 쉽다.
③ 세계적인 벼농사 지대를 이루고 있다.
④ 강수량이 적어 유목 생활을 하기도 한다.
⑤ 바닥을 지면에서 띄운 고상 가옥을 볼 수 있다.

도전!!

07 다음 편지를 보낸 친구가 살고 있는 국가를 고르면?

안녕? ○○아!
내가 사는 곳의 사람들은 낮 동안의 강한 햇빛을 막기 위해 온몸을 감싸는 옷을 입고 다녀. 그리고 이곳은 농사짓기 어려워서 유목이 발달했어.

① 일본   ② 타이   ③ 요르단
④ 인도네시아   ⑤ 방글라데시

도전!!

08 다음 여행기와 관련된 국가를 고르면?

대나무로 만든 챙이 넓은 전통 모자를 쓰고 여행을 다녔다. 메콩강을 구경한 후, 점심으로 퍼(Pho)라고 불리는 쌀국수를 먹었다.

① 일본   ② 타이   ③ 필리핀
④ 베트남   ⑤ 인도네시아

서술형

09 다음 자료와 관련된 농업 방식의 명칭과 그 특징을 서술하시오.

스리랑카에는 ○○ 기업에서 세운 차 농장이 있다. 이 농장에서 재배된 차는 세계 여러 나라로 수출된다.

02 아시아의 종교와 문화 다양성

1 아시아의 다양한 종교

1 아시아의 종교와 생활양식 핵심 point 종교별로 나타나는 독특한 생활양식을 구분해 보세요.

종교	불교	힌두교	이슬람교	크리스트교
발생지	인도 북부	인도 북부	서남아시아 일대	서남아시아 일대
생활양식	살생을 금지하고 수행을 통한 깨달음을 중시함	갠지스강과 소를 신성하게 여기며, 소고기를 먹지 않음	돼지고기와 술을 금하며, '할랄' 음식을 먹음	성경의 가르침을 따르며 주로 일요일에 예배를 함
종교 경관	▲ 왓 프라싱 사원(타이) 불상과 탑이 있는 불교 사원을 볼 수 있음	▲ 갠지스강(인도) 갠지스강에서 몸을 담그고 기도하는 신자를 볼 수 있음	▲ 카바 신전(사우디아라비아) 둥근 돔과 첨탑을 가진 사원인 모스크를 볼 수 있음	▲ 성묘 교회(이스라엘) 십자가를 세운 성당이나 교회를 볼 수 있음
분포	동남 및 동아시아	인도의 주요 종교	서남 및 중앙아시아, 남부 및 동남아시아 일부 지역	필리핀의 주요 종교

바로학습 ❶ 아시아의 다양한 종교 파악하기

▶ 정답과 해설 05쪽

(1) 다음은 아시아의 종교 분포를 나타낸 지도입니다. 지도의 ㉠, ㉡에 해당하는 종교를 써 보세요.

동해
태평양
인도양
0°

불교 크리스트교
㉠ 기타
㉡

(디르케 세계 지도, 2023)

㉠ _____ ㉡ _____

(2) 다음 생활양식을 볼 수 있는 종교를 써 보세요.

㉠ 승려들이 무소유를 실천하는 탁발 행렬을 볼 수 있다.

_____

㉡ 라마단 기간에는 가족들이 모여 기도하고 인사를 나눈다.

_____

2 종교의 갈등과 공존

1 아시아의 종교 갈등 🔵핵심 point 지역별로 어떤 종교가 갈등하고 있는지 구분해 보세요.

(1) **원인** 종교 구성이 복잡하고 다른 종교를 인정하지 않아 갈등이 발생함

(2) **사례**

분쟁 지역	팔레스타인 – 이스라엘	카슈미르	미얀마	스리랑카
갈등 종교	이슬람교 vs 유대교	힌두교 vs 이슬람교	불교 vs 이슬람교	힌두교 vs 불교
원인	제1차 세계 대전 직후 팔레스타인 지역에 유대인들이 이스라엘 정부를 수립하면서 분쟁이 지속됨	인도(힌두교)와 파키스탄(이슬람교)이 영국으로부터 독립하는 과정에서 이슬람교도가 많은 카슈미르 지역이 인도에 속함	불교를 믿는 대다수 국민과 이슬람교를 믿는 소수의 로힝야족 간에 갈등이 지속됨	힌두교를 믿는 소수의 타밀족과 불교를 믿는 다수의 신할리즈족 사이에 갈등이 지속됨
분쟁 위치				

2 아시아의 종교 공존

(1) **사례**

말레이시아	• 종교의 자유를 헌법으로 명시함 • 불교, 힌두교, 이슬람교, 크리스트교 등 종교별 공휴일을 지정함
싱가포르	여러 민족이 함께 살기 위한 정책을 제도화함

(2) **공존을 위한 태도**

국가적 차원의 노력	종교의 자유를 법으로 보장하거나 종교별로 공휴일을 지정하는 등의 제도가 필요함
개인적 차원의 노력	문화의 다양성을 인식하고, 다양한 문화를 존중하며 수용할 줄 아는 세계시민의 태도가 필요함

바로학습 2 아시아의 종교 갈등 지역 살펴보기　　▶ 정답과 해설 05쪽

다음의 종교 갈등이 나타나는 지역을 지도의 ㉠~㉤에서 찾아 기호를 써 보세요.

종교 갈등	기호
이슬람교 vs 유대교	
불교 vs 이슬람교	
힌두교 vs 불교	
힌두교 vs 이슬람교	

탄탄 문제

01 다음 설명의 알맞은 말에 ○표 하시오.

> 인도에는 (힌두교 / 이슬람교) 신자가 많고, 서남아시아와 중앙아시아에는 (힌두교 / 이슬람교) 신자가 많다.

02 다음 설명이 맞으면 ○표, 틀리면 ×표 하시오.

(1) 불교는 필리핀의 주요 종교이다. (　　)

(2) 이슬람교 신자들은 돼지고기와 술 등 율법에 허용되지 않은 음식은 먹을 수 없다. (　　)

(3) 크리스트교는 성경의 가르침을 따른다. (　　)

03 다음 지역에서 갈등을 겪고 있는 종교를 보기 에서 골라 기호를 쓰시오.

> **보기**
> ㄱ. 불교　ㄴ. 힌두교　ㄷ. 유대교　ㄹ. 이슬람교

(1) 미얀마 (　　,　　)

(2) 카슈미르 (　　,　　)

(3) 팔레스타인−이스라엘 (　　,　　)

04 초성을 참고하여 빈칸에 들어갈 알맞은 단어를 쓰시오.

> 스리랑카에서는 ㅎㄷㄱ 을/를 믿는 소수의 타밀족과 ㅂㄱ 을/를 믿는 다수의 신할리즈족 사이에 갈등이 지속되고 있다.

쑥쑥 문제

01 (가), (나)의 경관이 나타나는 종교를 바르게 연결한 것은?

(가)   (나)

	(가)	(나)
①	불교	크리스트교
②	이슬람교	불교
③	이슬람교	크리스트교
④	크리스트교	불교
⑤	크리스트교	이슬람교

02 아시아의 종교에 대한 옳은 설명을 보기 에서 고른 것은?

> **보기**
> ㄱ. 서남아시아에는 불교가 널리 퍼져 있다.
> ㄴ. 인도에는 힌두교를 믿는 사람이 가장 많다.
> ㄷ. 필리핀에서는 이슬람교의 영향력이 가장 크다.
> ㄹ. 아시아에는 불교, 힌두교, 이슬람교, 크리스트교 등 다양한 종교가 나타난다.

① ㄱ, ㄴ　　② ㄱ, ㄷ　　③ ㄴ, ㄷ

④ ㄴ, ㄹ　　⑤ ㄷ, ㄹ

03 다음 편지를 보낸 친구가 있는 국가를 고르면?

> 나는 지금 갠지스강에 있어. 이 지역 사람들은 갠지스강에서 목욕하면 영혼이 정화된다고 믿는대.

① 인도　　　　　　② 중국

③ 타이　　　　　　④ 베트남

⑤ 사우디아라비아

[04~05] 다음 지도는 아시아의 종교를 나타낸 것이다. 이를 보고 물음에 답하시오.

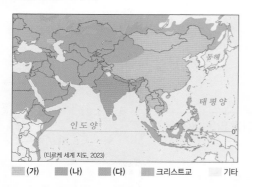

(가) (나) (다) 크리스트교 기타

(디르케 세계 지도, 2023)

04 (가)~(다)에 들어갈 종교를 바르게 연결한 것은?

	(가)	(나)	(다)
①	불교	힌두교	이슬람교
②	불교	이슬람교	힌두교
③	힌두교	불교	이슬람교
④	이슬람교	불교	힌두교
⑤	이슬람교	힌두교	불교

05 (가)~(다) 종교의 음식 문화에 대한 설명으로 옳은 것은?

① (가) – 소를 제외한 모든 고기를 먹는다.
② (나) – 특별히 금기하는 음식이 없다.
③ (나) – 소고기를 이용한 요리가 발달했다.
④ (다) – 돼지고기와 술 등 율법에서 허용하지 않은 음식을 먹을 수 없다.
⑤ (다) – 살아 있는 생명을 함부로 죽이지 않은 채식 위주의 음식 문화가 나타난다.

06 다음 보고서에서 설명하고 있는 (가) 국가를 고르면?

> 아시아의 문화 공존과 협력 사례 – (가) 국가
> • 종교의 자유를 헌법으로 명시함
> • 불교, 힌두교, 이슬람교, 크리스트교 등 종교별 공휴일을 지정함

① 인도
② 미얀마
③ 스리랑카
④ 이스라엘
⑤ 말레이시아

[07~08] 다음 지도는 아시아의 종교 갈등 지역을 나타낸 것이다. 이를 보고 물음에 답하시오.

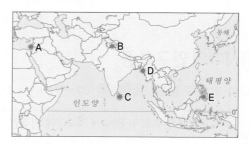

도전!!

07 다음 글의 밑줄 친 <u>이 지역</u>을 지도의 A~E에서 고른 것은?

> 제1차 세계 대전 직후 이 지역에 유대인들이 이스라엘 정부를 수립하면서 이슬람교도와 유대인 간의 갈등이 생겼으며 현재도 분쟁이 지속되고 있다.

① A   ② B   ③ C   ④ D   ⑤ E

도전!!

08 B 지역에 대한 설명으로 옳은 것은?

① 말레이시아에 해당한다.
② 힌두교와 불교 간의 갈등이 나타난다.
③ 이슬람교를 믿는 소수의 로힝야족이 있다.
④ 영국으로부터 독립하는 과정에서 갈등이 발생하였다.
⑤ 종교의 자유를 헌법에 명시하고 종교별로 공휴일을 지정하였다.

서술형

09 다음 자료와 관련된 종교의 명칭을 쓰고, 이 종교의 생활 양식을 서술하시오.

서남아시아와 중앙아시아에서 주로 믿으며, 둥근 돔과 첨탑이 있는 사원을 볼 수 있다.

03 아시아의 인구와 지역 발전

우리의 약속 👆 회색으로 써진 글씨는 따라 쓰고, 색이 칠해진 부분을 형광펜으로 줄을 치며 꼼꼼히 읽어보세요.

1 아시아의 인구 특징

1 아시아의 인구 분포 핵심 point 인구가 많은 지역의 특징을 확인해 보세요.

특징	• 세계 인구의 약 60%가 아시아에 거주함 → 세계에서 인구가 가장 많은 대륙 • 인도, 중국은 세계적으로 인구가 많음
지역별 인구 분포	• 벼농사에 유리한 평야 지역이 산지나 사막 지역보다 인구 밀도가 높음 • 일자리가 많고 교통이 편리한 도시가 농촌보다 인구 밀도가 높음

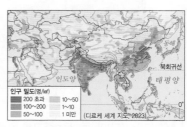

▲ 아시아의 인구 분포

바로 학습 ① 아시아의 인구 분포 파악하기

> 정답과 해설 06쪽

세계 인구수 상위 10개국 중 아시아에 해당하는 국가를 지도에서 찾아 ○표 해 보세요.

▲ 세계 인구수 상위 10개국

---

2 아시아의 인구이동

(1) 인구이동의 의미와 특징

의미	사람들이 원래 살던 지역을 떠나 다른 지역으로 옮겨 가는 것
특징	• 아시아의 인구이동은 주로 지역 간 경제적 차이로 인해 발생함 • 과거에는 아시아에서 유럽이나 북아메리카로의 이동이 많았으나, 최근에는 가까운 아시아로의 이주도 증가하고 있음

(2) 인구가 이동하는 이유

이동 이유	풍부한 일자리	내전·분쟁	자연재해
사례	임금이 높고 일자리가 많은 선진국이나 서남아시아의 산유국으로 인구가 이동함	시리아, 팔레스타인 등의 서남아시아에서는 내전과 분쟁을 피해 주변 국가로 인구가 이동함	자연재해로 살기 어려워지면서 국가 내 다른 지역 또는 국경을 넘어 인구가 이동하기도 함

2 아시아의 지역별 인구 구조와 변화

 핵심 point 국가별 인구 구조와 이에 따른 문제점을 비교해 보세요.

1 인구가 증가하는 지역

▲ 인구가 빠르게 증가하는 방글라데시

인도, 파키스탄, 방글라데시 등은 식량 생산량 증가와 의학 발달, 위생 시설 확충 등에 따른 높은 출산율과 기대 수명 증가로 인구가 증가하고 있음

→

긍정적 영향	노동력이 풍부해짐
부정적 영향	• 식량 및 자원, 시설이 부족해짐 • 환경 오염이 심각해짐

2 저출산·고령화가 나타나는 지역

▲ 노년층 인구 비율이 높은 일본

우리나라, 일본 등 경제 발전 수준이 높은 국가에서는 출산율 감소와 인구 고령화가 진행되고 있음

→

부정적 영향	• 노동력이 부족해짐 • 노인 복지 비용이 증가함
대책	• 출산을 장려하는 제도 및 정책 마련 • 노인 일자리 확보 및 복지 제도 정비

3 인구 이주가 많은 지역

▲ 카타르의 외국인 노동자

서남아시아의 국가들은 개발 사업 등으로 일자리가 풍부해 주변 국가로부터 젊은 남성 노동자들이 유입되고 있음

→

긍정적 영향	노동력이 풍부해짐
부정적 영향	• 여성 인구에 비해 남성 인구가 많음 • 내국인과 외국인 간의 갈등이 발생함

바로학습 2 아시아의 지역별 인구 구조 분석하기   ≫ 정답과 해설 06쪽

(1) 다음은 아시아 주요 국가의 인구 피라미드입니다. ㉠~㉢ 피라미드와 관련 있는 국가 이름을 각각 써 보세요. (단, ㉠~㉢은 각각 일본, 인도, 카타르 중 하나임)

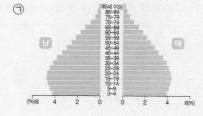

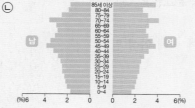

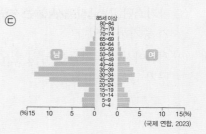

(국제 연합, 2023)

(2) 위 인구 피라미드를 참고하여 다음 설명에 해당하는 국가 이름을 써 보세요.

㉠ 청장년층(15~64세)의 남성 인구 비율이 가장 높다.   (   )

㉡ 출산을 장려하는 제도 및 정책, 노인 복지 정책이 필요할 것이다.   (   )

㉢ 전체 인구에서 유소년층(14세 이하)의 인구가 차지하는 비율이 가장 높다. (   )

㉣ 인구가 빠르게 증가하여 시설 부족, 환경 오염 등의 문제가 발생할 것이다. (   )

탄탄 문제

01 세계에서 인구가 가장 많은 대륙의 이름을 쓰시오.

02 아시아에서 인구가 밀집한 지역을 보기 에서 모두 골라 기호를 쓰시오.

> **보기**
> ㄱ. 평야 지역   ㄴ. 산지 지역
> ㄷ. 농촌 지역   ㄹ. 도시 지역

03 다음 설명의 알맞은 말에 ◯표 하시오.

(1) 임금이 높고 일자리가 많은 (동남아시아 / 서남 아시아)로의 인구이동이 많은 편이다.

(2) (시리아 / 튀르키예)에서는 내전과 분쟁을 피해 주변 국가로의 인구이동이 많은 편이다.

04 다음 설명이 맞으면 ◯표, 틀리면 ✕표 하시오.

(1) 파키스탄, 방글라데시 등은 높은 출산율로 인구가 증가하고 있다.   (   )

(2) 서남아시아 국가들은 남성 인구에 비해 여성 인구가 많은 편이다.   (   )

05 초성을 참고하여 빈칸에 들어갈 알맞은 단어를 쓰시오.

> 우리나라, 일본, 중국 등 경제 발전 수준이 높은 아시아 국가에서는 여성의 사회 진출 증가, 평균 수명 연장 등으로 ㅊㅅㅇ 감소와 인구 ㄱㄹㅎ 이/가 진행되고 있다.

쏙쏙 문제

01 아시아의 인구 특징에 대한 옳은 설명을 보기 에서 고른 것은?

> **보기**
> ㄱ. 중국은 세계에서 인구가 가장 많은 국가이다.
> ㄴ. 아시아는 세계에서 인구가 가장 많은 대륙이다.
> ㄷ. 벼농사에 유리한 평야 지역에 인구가 모여 산다.
> ㄹ. 아시아의 인구는 대륙 전 지역에 고르게 분포하고 있다.

① ㄱ, ㄴ   ② ㄱ, ㄷ   ③ ㄴ, ㄷ
④ ㄴ, ㄹ   ⑤ ㄷ, ㄹ

02 지도에 표시된 ㉠, ㉡ 지역에 대한 옳은 설명을 보기 에서 모두 고른 것은?

> **보기**
> ㄱ. ㉠ 지역은 사람이 거주하기에 불리한 자연환경이 나타난다.
> ㄴ. ㉡ 지역은 ㉠ 지역보다 인구가 밀집해 있다.
> ㄷ. ㉡ 지역은 농사짓기에 유리한 평야 지역이 적다.

① ㄱ   ② ㄴ   ③ ㄷ
④ ㄱ, ㄴ   ⑤ ㄴ, ㄷ

03 다음 중 인구구조의 특징이 다른 한 국가를 고르면?

① 인도
② 일본
③ 파키스탄
④ 방글라데시
⑤ 인도네시아

04 아시아의 인구이동에 대한 설명으로 옳은 것은?

① 아시아에서는 인구이동이 나타나지 않는다.
② 아시아의 인구이동은 주로 지역 간 자연환경의 차이로 인해 발생한다.
③ 임금이 저렴한 동아시아에서 임금이 높은 동남 아시아로 인구가 이동한다.
④ 시리아와 팔레스타인에서는 분쟁을 피해 주변 국가로 인구가 이동하기도 한다.
⑤ 과거에는 아시아 내의 이동이 많았으나, 최근 유럽으로의 이주가 증가하고 있다.

05 (가), (나) 국가의 인구 피라미드에 대한 옳은 설명을 보기에서 고른 것은? (단, (가), (나)는 각각 인도, 일본 중 하나임)

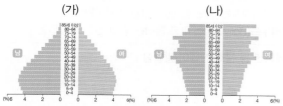

(가)   (나)

＊유소년층은 0~14세, 노년층은 65세 이상임.

보기
ㄱ. (가)는 일본, (나)는 인도에 해당한다.
ㄴ. (가)는 (나)보다 노년층 인구 비율이 높다.
ㄷ. (나)는 (가)보다 유소년층 인구 비율이 낮다.
ㄹ. (나)는 (가)보다 인구 고령화가 더 빠르게 진행되고 있다.

① ㄱ, ㄴ   ② ㄱ, ㄷ   ③ ㄴ, ㄷ
④ ㄴ, ㄹ   ⑤ ㄷ, ㄹ

06 제시된 글과 관련한 인구 현상으로 옳은 것은?

우리나라와 일본 등 경제 수준이 높은 아시아 국가에서 겪고 있는 현상으로 노인 일자리 확보, 노인 복지 시설 확충과 같은 대책이 필요하다.

① 저출산   ② 인구 고령화
③ 도시 과밀화   ④ 급속한 인구 증가
⑤ 성비 불균형 문제

도전!!

07 자료에서 설명하는 국가의 위치를 지도의 A~E에서 고른 것은?

이 국가는 일자리 수요 증가로 많은 젊은 남성 이민자를 받아들였어. 특히 2022년 월드컵 기반 시설 구축을 위해 남성 이주 노동자들을 대거 고용했어.

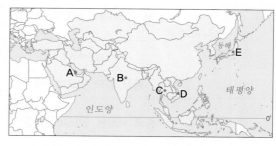

① A   ② B   ③ C   ④ D   ⑤ E

서술형

08 다음 자료와 관련된 인구 문제는 무엇인지 쓰고, 밑줄 친 사례를 한 가지만 서술하시오.

일본은 평균 수명 연장 등으로 노년층 인구 비율이 높아지면서 다양한 문제점이 발생하고 있다.

04 아시아의 산업 특징과 변화

1 아시아의 산업 특징

핵심 point 각 국가 또는 지역에서 발달한 산업을 정리해 보세요.

발달 산업	발달 지역	특징
천연자원 생산	동남아시아와 남부 아시아	• 벼농사가 발달하여 쌀 생산량이 많음 • 천연고무, 사탕수수, 커피, 차 등 플랜테이션 작물을 생산함
	서남아시아	석유와 천연가스 등 에너지 자원의 생산량이 많음
	중국, 인도, 인도네시아	석탄, 철광석, 니켈, 희토류 등 생산량이 많음
노동 집약적인 제조업	중국, 베트남, 인도네시아 등	풍부한 노동력으로 의류, 신발, 전자 제품 등을 생산함
첨단 산업, 문화 산업	우리나라, 일본, 중국 등	높은 기술력으로 반도체, 자동차, 디스플레이 등 첨단 기술 제품을 생산함
	인도의 벵갈루루, 뭄바이	• 벵갈루루와 뭄바이에서는 정보 통신(IT) 산업이 발달함 • 뭄바이는 '볼리우드(Bollywood)'라고 불리는 영화 산업이 발달함
	우리나라, 일본	K-pop, 애니메이션 등 문화 산업이 발달함

바로학습 1 아시아의 산업 특징 파악하기

▶ 정답과 해설 07쪽

(1) 다음 사진의 설명에 맞는 말에 ○표 해 보세요.

㉠ (베트남 / 싱가포르)은/는 노동력이 풍부하고 임금이 저렴하여 노동 집약적인 제조업이 발달하였다.

㉡ (서남아시아 / 남부 아시아)는 풍부한 석유와 천연가스를 전 세계에 수출한다.

㉢ (우리나라 / 인도네시아)는 반도체, 자동차, 디스플레이 등 첨단 기술 분야에서 선도적 역할을 하고 있다.

(2) 다음은 아시아 주요 국가의 상품군별 수출액 비중을 보여 주는 그래프입니다. 그래프 ㉠~㉢에 해당하는 국가 이름을 각각 써 보세요. (단, ㉠~㉢은 각각 인도, 일본, 사우디아라비아 중 하나임)

농업 12.8(%)	제조업 67.9	

└연료 및 광물 19.1   기타 0.2┘

연료 및 광물 74.7	제조업 23.0

└농업 1.8(%)   기타 0.5┘

제조업 85.7	

└농업 1.9(%) └연료 및 광물 4.9   기타 7.5┘
(세계 무역 기구, 2023)

㉠ _____   ㉡ _____   ㉢ _____

2 아시아의 산업 변화

1 아시아 주요 지역의 산업 변화

국가	산업 특징	변화 모습
중국	풍부한 노동력과 자원으로 산업이 발달하여 '세계의 공장'으로 불림	• 인건비 상승으로 제조업 공장들이 남부 아시아와 동남아시아로 이전함 • 다양한 기술로 첨단 산업을 육성하고 있음
일본	철강, 기계, 자동차 등이 주요 수출품임	부품·소재 산업, 로봇 산업 등 첨단 산업 분야에 투자하고 있음
베트남, 인도네시아	풍부한 자원과 저렴한 노동력으로 제조업 중심으로 성장함	초국적 기업의 생산 공장이 들어서면서 신흥 공업 국가로 발돋움하고 있음
사우디아라비아, 아랍 에미리트	석유, 천연가스 수출로 자본을 축적함	자원 고갈을 대비하여 첨단 산업과 관광 산업에 투자하고 있음

2 아시아의 산업 변화가 우리나라 산업에 미치는 영향

사례	상황	변화 요인	우리나라 산업에 가져온 변화
스마트폰 생산 공장 이전	S 전자를 비롯한 여러 기업이 저렴한 노동력이 풍부한 중국에 생산 공장을 세움 ➡	중국의 인건비가 상승함 ➡	베트남, 인도 등 인건비가 저렴한 다른 국가로 생산 공장을 옮기고 있음
인도네시아 팜유 수출 중단	우리나라에서 수입하는 팜유의 절반 이상이 인도네시아 산임 ➡	2022년 세계 최대 팜유 수출국인 인도네시아가 팜유 수출을 전면 중단함 ➡	팜유를 사용하는 가공품의 가격이 상승할 것으로 예상됨
우리나라 기업의 해외 건설 활성화	최근 서남아시아 국가들이 관광 산업, 첨단 산업 등을 육성하고자 함 ➡	사우디아라비아는 대형 신도시 건설 계획을 발표함 ➡	우리나라 기업들이 서남아시아 건설 사업에 참여하고 있음

바로학습 ② 아시아의 산업 변화 탐색하기

▶ 정답과 해설 07쪽

(1) 다음 뉴스의 밑줄 친 ㉠의 이유를 베트남이 지닌 이점과 관련지어 서술해 보세요.

○○ 기업이 ㉠중국에 있던 공장을 철수하고 베트남으로 이전했다는 소식입니다. 베트남의 이점을 활용하여 생산된 제품들은 원가 절감의 효과를 얻을 수 있게 되었습니다.

(2) 아랍 에미리트에 대해 이야기하는 학생의 대화를 읽고 빈칸에 들어갈 알맞은 말을 써 보세요.

아랍 에미리트는 (㉠)와 천연가스 등의 천연자원 개발과 수출로 경제 성장을 이루었어!

최근 자원 고갈에 대비하여 (㉡) 산업과 관광 산업의 육성에 힘을 쏟고 있지.

㉠ _____

㉡ _____

탄탄 문제

01 초성을 참고하여 빈칸에 들어갈 알맞은 자원을 쓰시오.

> 사우디아라비아 등 서남아시아 지역은 ㅅ ㅇ 과/와 천연가스의 매장량이 많아 이를 세계 각국에 수출하며 경제 성장을 이루었다.

02 다음 설명의 알맞은 말에 ○표 하시오.

(1) (일본 / 사우디아라비아)은/는 석유, 천연가스를 주로 수출한다.

(2) (몽골 / 우리나라)은/는 반도체, 자동차 등 첨단 기술 산업이 발달하였다.

(3) (동남아시아 / 서남아시아)는 천연고무, 사탕수수 등 플랜테이션 작물을 생산한다.

03 다음 설명이 맞으면 ○표, 틀리면 ×표 하시오.

(1) 중국은 풍부한 노동력과 자원으로 산업이 발달하였다. ( )

(2) 최근 동남아시아에서 임금이 저렴한 중국으로 공장들이 이전하고 있다. ( )

(3) 서남아시아 일부 국가들은 석유 고갈에 대비해 산업을 다변화시키고 있다. ( )

04 초성을 참고하여 빈칸에 들어갈 국가 이름을 쓰시오.

> 동남아시아에 위치한 ㅂ ㅌ ㄴ은/는 저렴한 노동력과 풍부한 자원으로 경제 성장이 기대되는 국가이다. 우리나라와 농산물, 전자 제품 등 다양한 분야에서 협력을 강화하고 있다.

쏙쏙 문제

01 아시아의 산업 특징에 대한 설명으로 옳은 것은?

① 천연자원의 생산량이 적은 편이다.

② 보유하고 있는 천연자원의 종류가 다양하지 않다.

③ 저렴한 노동력을 바탕으로 첨단 산업이 발달하였다.

④ 최근 고부가 가치의 노동 집약적 제조업 분야가 발전하고 있다.

⑤ 국가와 지역마다 산업의 특성이 달라 긴밀한 협력이 이루어진다.

02 다음 글에서 설명하는 국가로 옳은 것은?

> 영어를 사용하고 우수한 과학 인재가 많아 이를 바탕으로 뉴델리, 벵갈루루, 뭄바이 등에서 정보 통신 기술(IT) 산업이 발달하고 있다.

① 일본

② 인도

③ 베트남

④ 인도네시아

⑤ 사우디아라비아

03 다음은 일본과 사우디아라비아의 상품군별 수출액이다. (가)와 (나)에 들어갈 산업으로 옳은 것은?

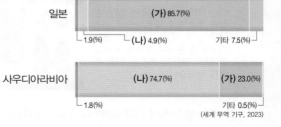

(세계 무역 기구, 2023)

	(가)	(나)
①	농업	제조업
②	제조업	농업
③	제조업	연료 및 광물
④	연료 및 광물	농업
⑤	연료 및 광물	제조업

04 아시아 주요 국가의 산업 특징에 대한 옳은 설명을 **보기** 에서 고른 것은?

> **보기**
>
> ㄱ. 일본은 반도체와 로봇 등의 첨단 산업이 발달 하였다.
> ㄴ. 중국은 볼리우드라고 불리는 영화 산업이 발 달하였다.
> ㄷ. 인도의 벵갈루루와 뭄바이는 첨단 산업이 발 달한 도시이다.
> ㄹ. 사우디아라비아는 전체 수출에서 제조업이 차 지하는 비중이 가장 높다.

① ㄱ, ㄴ   ② ㄱ, ㄷ   ③ ㄴ, ㄷ
④ ㄴ, ㄹ   ⑤ ㄷ, ㄹ

05 다음 글의 밑줄 친 이 국가로 옳은 것은?

> '세계의 공장'으로 불리는 이 국가는 풍부한 노 동력과 석탄, 철광석, 니켈, 희토류 등의 자원을 바탕으로 산업이 발달하였다.

① 일본
② 중국
③ 싱가포르
④ 대한민국
⑤ 사우디아라비아

06 아시아 주요 국가의 산업 변화에 대한 옳은 설명을 **보기** 에서 고른 것은?

> **보기**
>
> ㄱ. 베트남에서 중국으로 생산 공장이 많이 옮겨 가고 있다.
> ㄴ. 서남아시아 일부 국가들은 산업의 다변화를 꾀하고 있다.
> ㄷ. 일본은 최근 로봇 산업 등 첨단 산업 분야에 투자하고 있다.
> ㄹ. 중국은 최근 풍부한 노동력을 바탕으로 노동 집약형 제조업에 투자하고 있다.

① ㄱ, ㄴ   ② ㄱ, ㄷ   ③ ㄴ, ㄷ
④ ㄴ, ㄹ   ⑤ ㄷ, ㄹ

도전!!

07 다음 글과 관련한 국가의 위치와 국가명을 바르게 연결 한 것은?

> 이 국가는 저렴한 노동력과 풍부한 자원을 바탕 으로 경제 성장 가능성이 크다. 우리나라와는 농 산물, 전자 제품 등 다양한 분야에서 협력을 강화 하고 있다.

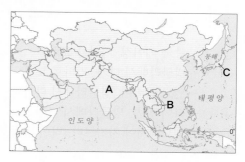

① A – 일본   ② A – 베트남
③ B – 베트남   ④ B – 카타르
⑤ C – 일본

서술형

08 다음 자료를 참고하여 신발 생산 공장의 입지가 변화해 온 이유를 노동비 측면에서 서술하시오.

구분	1960년대	1970년대	1980년대	1990년대 이후
주요 생산국	일본	타이완	한국	중국, 베트남

▲ 신발 주요 생산 국가의 변화

01 ㉠~㉢에 속한 국가와 도시들을 바르게 짝지은 것은?

① ㉠ – 중국 베이징, 카타르 도하
② ㉠ – 방글라데시 다카, 카타르 도하
③ ㉡ – 인도 뭄바이, 방글라데시 다카
④ ㉢ – 타이 방콕, 방글라데시 다카
⑤ ㉢ – 인도네시아 자카르타, 타이 방콕

02 아시아의 기후 지역을 나타낸 지도의 (가), (나)에 대한 옳은 설명을 보기 에서 고른 것은?

보기
ㄱ. (가)는 열대 기후, (나)는 건조 기후이다.
ㄴ. (가)는 서남아시아와 중앙아시아에 많이 나타나는 기후이다.
ㄷ. (나) 지역에서는 열대작물을 대규모로 재배하는 농업이 발달했다.
ㄹ. (나) 지역에서는 가축을 데리고 이동 생활을 하는 유목민들을 볼 수 있다.

① ㄱ, ㄴ   ② ㄱ, ㄹ   ③ ㄴ, ㄷ
④ ㄴ, ㄹ   ⑤ ㄷ, ㄹ

03 다음 중 아시아에 속하지 않는 지형은?

① 메콩강   ② 고비 사막
③ 히말라야산맥   ④ 룹알할리 사막
⑤ 애팔레치아산맥

04 지도에 표시된 지역에 대한 옳은 설명을 보기 에서 고른 것은?

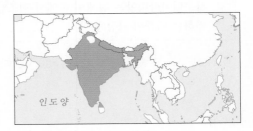

보기
ㄱ. 이 지역의 사람들은 돼지를 신성시한다.
ㄴ. 이슬람교가 주요 종교로 자리잡은 지역이다.
ㄷ. 인도 북부 지역에서 기원한 종교를 믿는 지역이다.
ㄹ. 갠지스강에서 목욕을 하거나 장례 의식을 치르기도 한다.

① ㄱ, ㄴ   ② ㄱ, ㄹ   ③ ㄴ, ㄷ
④ ㄴ, ㄹ   ⑤ ㄷ, ㄹ

주관식
05 다음 글의 밑줄 친 이 지역의 이름을 쓰시오.

　이 지역은 인도와 파키스탄이 영국으로부터 독립하는 과정에서 종교 갈등이 발생했다. 이슬람교를 믿는 사람이 많은 <u>이 지역</u>이 인도에 속하게 되면서 갈등이 지속되고 있다.

06 아시아의 인구 특징으로 옳은 설명을 보기 에서 고른 것은?

> **보기**
> ㄱ. 세계에서 가장 많은 인구가 사는 대륙이다.
> ㄴ. 벼농사에 유리한 평야 지역에 인구가 밀집해 있다.
> ㄷ. 아시아의 인구이동이 나타나는 주요인은 종교 갈등이다.
> ㄹ. 최근 서남아시아에서 동남아시아로 노동자가 많이 이주하고 있다.

① ㄱ, ㄴ   ② ㄱ, ㄷ   ③ ㄴ, ㄹ
④ ㄱ, ㄴ, ㄷ   ⑤ ㄴ, ㄷ, ㄹ

07 다음 인구 피라미드와 관련한 옳은 설명을 보기 에서 고른 것은?

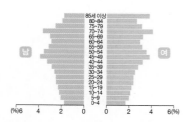

> **보기**
> ㄱ. 방글라데시는 위와 같은 인구 구조가 나타날 것이다.
> ㄴ. 생산 가능 인구가 줄어들어 경제 성장이 둔화 될 것이다.
> ㄷ. 인구가 꾸준히 증가하는 지역에서 나타나는 인구 구조이다.
> ㄹ. 유소년층 인구 비율이 낮고, 노년층 인구 비율 이 높게 나타난다.

① ㄱ, ㄴ   ② ㄱ, ㄹ   ③ ㄴ, ㄷ
④ ㄴ, ㄹ   ⑤ ㄷ, ㄹ

08 다음 자료의 (가), (나)에 해당하는 국가를 바르게 짝지은 것은?

> (가) 서남아시아에 있는 이 국가는 세계적인 산유 국으로 석유, 천연가스 등 에너지 자원 관련 산업이 발달하였다.
> (나) 전통 농업과 수공업에서 첨단 산업까지 다양 한 산업이 발달하였다. 특히 벵갈루루는 첨단 산업의 중심 도시이다.

	(가)	(나)
①	인도	중국
②	인도	사우디아라비아
③	중국	사우디아라비아
④	사우디아라비아	인도
⑤	사우디아라비아	중국

09 아시아의 산업 특징에 대한 설명으로 옳지 <u>않은</u> 것은?

① 중국은 석탄, 희토류 등 산업에 중요한 자원을 생산한다.
② 일본에서는 애니메이션, 게임 등의 문화 산업이 발달했다.
③ 베트남은 노동력이 풍부해 노동 집약적 제조업 이 발달했다.
④ 우리나라는 반도체, 자동차 등 첨단 기술 제품 을 생산한다.
⑤ 인도네시아는 풍부한 인력을 활용한 볼리우드 라는 영화 산업이 발달했다.

주관식
10 아시아의 산업 변화가 우리나라에 미치는 영향에 대한 옳은 설명을 보기 에서 골라 기호로 쓰시오.

> **보기**
> ㄱ. 현지의 인건비 상승으로 우리나라의 생산 공 장이 철수하기도 한다.
> ㄴ. 다른 국가가 산업을 다변화하려는 노력은 우 리나라에 영향을 미치지 않는다.
> ㄷ. 수입에 의존하는 상품의 가격이 변해도 우리 나라 산업에는 영향을 미치지 않는다.

Ⅲ
유럽

유럽 파헤치기

기본기 ❶ 지도 마스터하기 유럽 백지도의 ❶~⓯에 해당하는 주요 국가와 도시의 이름을 알맞게 써 보세요.

➡ 빈칸을 모두 채울 수 없다면, 세계 지도 워크북에서 학습하길 바라요!

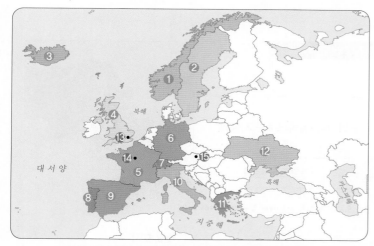

번호	국가명	번호	국가명
❶		❾	
❷		❿	
❸		⓫	
❹		⓬	
❺		번호	도시명
❻		⓭	
❼		⓮	
❽		⓯	

정답 ❶ 노르웨이 ❷ 스웨덴 ❸ 아이슬란드 ❹ 영국 ❺ 프랑스 ❻ 독일 ❼ 스위스 ❽ 포르투갈 ❾ 에스파냐 ❿ 이탈리아 ⓫ 그리스 ⓬ 우크라이나 ⓭ 런던 ⓮ 파리 ⓯ 빈

기본기 ❷ 낯선 용어와 친해지기 〈Ⅲ. 유럽〉 단원을 학습하기 위해 꼭 알아야 할 단어입니다. 다음 물음에 답해 보세요.

(1) 다음 뜻에 해당하는 단어에 ◯표 해 보세요.

뜻	단어
① 북반구와 남반구의 중위도 지역에서 서쪽에서 동쪽으로 부는 바람이다.	(무역풍 / 편서풍)
② 고온 건조한 여름 기후에 잘 견디는 올리브, 오렌지 등을 재배하는 농업이다.	(수목 농업 / 혼합 농업)
③ 기온이나 강수량 등의 평균 수치가 가장 높은 달과 가장 낮은 달의 차이를 말한다.	(일교차 / 연교차)
④ 세계화 시대에 국가의 경계를 넘어 세계의 중심 역할을 하는 도시이다.	(국제 도시 / 세계 도시)

(2) 다음 글에 해당하는 단어를 글자 박스 에서 찾아 써 보세요.

① 인간 활동으로 발생하는 온실가스를 최대한 줄이고, 흡수량을 증대하여 탄소의 순 배출량을 '0'으로 만드는 것이다. ( )

② 태양광이나 풍력 등 고갈되지 않고 지속해서 사용할 수 있는 에너지이다.

( )

글자 박스

탄	재	유	생
소	중	럽	에
연	립	랍	너
합	프	스	지

정답 (1) ① 편서풍 ② 수목 농업 ③ 연교차 ④ 세계 도시 (2) ① 탄소중립 ② 재생 에너지

유럽의 위치와 자연환경

1 유럽의 위치와 국가 및 주요 도시 6학년 | 2학기 1단원 연계

1 유럽의 위치와 지역 구분

▲ 유럽의 지역 구분

위치	• 유라시아 대륙의 서쪽 • 서쪽으로는 대서양과 접하고, 동쪽으로는 아시아, 남쪽으로는 지중해, 북쪽으로는 북극해와 접함
지역 구분	북부 유럽, 서부 유럽, 남부 유럽, 동부 유럽으로 구분됨

2 유럽의 국가와 주요 도시 핵심 point 유럽의 국가와 주요 도시의 위치를 지도에서 찾을 수 있어야 해요!

지역 구분	주요 국가	주요 도시
북부 유럽	노르웨이, 스웨덴, 핀란드, 아이슬란드 등	오슬로(노르웨이), 스톡홀름(스웨덴), 헬싱키(핀란드) 등
서부 유럽	프랑스, 영국, 독일, 스위스, 네덜란드 등	파리(프랑스), 런던(영국), 베를린(독일) 등
남부 유럽	에스파냐, 포르투갈, 이탈리아, 그리스 등	마드리드(에스파냐), 로마(이탈리아), 아테네(그리스) 등
동부 유럽	러시아, 우크라이나, 폴란드 등	모스크바(러시아), 키이우(우크라이나), 바르샤바(폴란드) 등

바로학습 1 **유럽의 국가와 주요 도시 찾기** ▶ 정답과 해설 08쪽

지도에서 표시된 ㉠~㉣ 국가의 이름과 수도를 써 보고, 해당 국가들이 유럽의 어느 지역에 속하는지 적어 보세요.

	국가	수도	지역
㉠	영국		
㉡			
㉢		스톡홀름	
㉣			남부 유럽

2 유럽의 자연환경 6학년 | 2학기 1단원 연계

1 유럽의 주요 지형 핵심 point 각 지형의 특징을 비교해 보세요.

구분	지형	위치	특징
산지	스칸디나비아산맥	북부	오랜 기간 침식 작용을 받아 해발 고도가 낮고 경사가 완만함
	알프스산맥	남부	형성 시기가 비교적 오래되지 않아 해발 고도가 높고 험준함
평야	유럽 대평원	중앙	지대가 낮고 평탄해 인구와 도시 및 산업이 밀집해 있음
하천	라인강	중앙	운하로 연결되어 있어 교통로로 이용됨

(1) 지도의 A~C와 관련된 특징을 찾아 기호를 알맞게 써 보세요.

특징	기호
형성 시기가 오래되어 침식을 많이 받아 상대적으로 해발 고도가 낮다.	
넓고 편평하며, 인구와 산업이 밀집해 있다.	
형성된 지 오래되지 않아 해발 고도가 높고 험준하다.	

(2) 알프스 산지에서 발원하여 북해로 흘러드는 (가) 강의 이름을 써 보세요.

2 유럽의 기후

핵심 point 유럽의 기후 특징과 생활 모습을 연결할 수 있어야 해요!

구분	서안 해양성 기후	지중해성 기후	냉대 기후
분포	서부 유럽 지역	지중해 연안의 남부 유럽	동부 및 북부 유럽
특징	일 년 내내 바다에서 불어오는 편서풍의 영향으로 강수량이 연중 고르고, 기온의 연교차가 작음	여름은 덥고 건조하며, 겨울은 따뜻하고 습윤함	겨울이 길고 추우며 여름과 겨울의 기온 차가 크게 나타남
생활 모습	혼합 농업 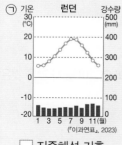 목초지 조성에 유리한 기후 조건으로 가축을 사육하면서 식량 작물과 사료 작물을 함께 재배함	수목 농업 덥고 건조한 여름 기후에서도 잘 자라는 올리브, 포도, 오렌지, 레몬 등을 주로 재배함	침엽수림 대부분의 냉대 기후 지역은 침엽수림이 넓게 분포하여 목재의 생산지가 되기도 함

바로학습③ 유럽의 기후 살펴보기 > 정답과 해설 08쪽

(1) 런던과 리스본의 기후 그래프를 보고 각 지역의 기후에 ✓표시를 해 보세요.

(○) 런던

□ 지중해성 기후
□ 서안 해양성 기후

(ⓛ) 리스본

□ 냉대 기후
□ 지중해성 기후

(2) 유럽 기후 구분을 나타낸 지도를 보고 범례에 해당하는 기후를 써 보세요.

ⓐ ▨▨ _____ 기후 ⓛ ▨▨ _____ 기후

01 다음은 유럽의 지역 구분을 나타낸 지도이다. 지도의 각 지역에 해당하는 명칭을 쓰시오.

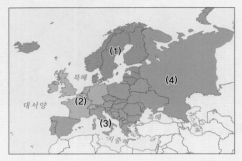

(1) _____ 유럽　(2) _____ 유럽

(3) _____ 유럽　(4) _____ 유럽

02 다음 설명의 알맞은 말에 ○표 하시오.

> 유럽은 서쪽으로는 (대서양 / 북극해 / 태평양), 남쪽으로는 (인도양 / 지중해 / 남극해)과/와 접하고 있다.

03 유럽의 국가와 수도를 바르게 연결하시오.

(1) 프랑스　•　　　•　ㄱ. 파리

(2) 그리스　•　　　•　ㄴ. 오슬로

(3) 폴란드　•　　　•　ㄷ. 아테네

(4) 노르웨이 •　　　•　ㄹ. 바르샤바

04 초성을 참고하여 빈칸에 들어갈 알맞은 단어를 쓰시오.

> 유럽의 북부에는 ｜ㅅ｜ㅋ｜ㄷ｜ㄴ｜ㅂ｜ㅇ｜ 산맥이 있고, 유럽의 남부에는 ｜ㅇ｜ㅍ｜ㅅ｜ 산맥이 위치한다.

05 다음 설명이 맞으면 ○표, 틀리면 ×표 하시오.

(1) 서안 해양성 기후는 일 년 내내 습윤하다.

(　　)

(2) 지중해 연안 지역의 여름은 덥고 건조하다.

(　　)

(3) 노르웨이 등 북부 유럽은 일 년 내내 따뜻한 온대 기후가 나타난다. (　　)

01 유럽에 대한 옳은 설명을 보기 에서 고른 것은?

> 보기
> ㄱ. 영국, 독일, 스위스는 남부 유럽에 속한다.
> ㄴ. 유럽 대륙의 북쪽에는 북극해가 위치한다.
> ㄷ. 유럽 대륙의 남쪽에는 태평양이 위치한다.
> ㄹ. 유럽 대륙의 동쪽에는 아시아 대륙이 있다.

① ㄱ, ㄴ　　② ㄱ, ㄷ　　③ ㄴ, ㄷ

④ ㄴ, ㄹ　　⑤ ㄷ, ㄹ

02 지도에 표시된 ㉠~㉢ 국가의 이름이 바르게 연결된 것은?

	㉠	㉡	㉢
①	영국	독일	에스파냐
②	영국	독일	포르투갈
③	영국	스위스	그리스
④	네덜란드	독일	포르투갈
⑤	네덜란드	스위스	그리스

03 유럽의 국가와 주요 도시의 연결이 옳지 않은 것은?

① 영국 – 런던

② 프랑스 – 파리

③ 폴란드 – 바르샤바

④ 스웨덴 – 스톡홀름

⑤ 이탈리아 – 아테네

04 유럽의 주요 지형에 대한 옳은 설명을 [보기]에서 고른 것은?

보기

ㄱ. 스칸디나비아산맥은 형성 시기가 오래되었다.
ㄴ. 평야 지대를 흐르는 하천은 교통로로 이용된다.
ㄷ. 알프스산맥은 해발 고도가 낮고 경사가 완만하다.
ㄹ. 유럽의 북부와 중앙은 산지, 남부는 평원으로 이루어져 있다.

① ㄱ, ㄴ   ② ㄱ, ㄷ   ③ ㄴ, ㄷ
④ ㄴ, ㄹ   ⑤ ㄷ, ㄹ

05 빈칸 ㉠, ㉡에 들어갈 기후로 옳은 것은?

• 서부 유럽에서는 일 년 내내 습윤하며, 우리나라에 비해 여름이 서늘하고 겨울이 따뜻한 (㉠) 기후가 나타난다.
• 지중해 연안의 남부 유럽에서는 여름이 덥고 건조하며, 겨울은 따뜻하고 습윤한 (㉡) 기후가 나타난다.

	㉠	㉡
①	건조	냉대
②	건조	서안 해양성
③	지중해성	서안 해양성
④	서안 해양성	냉대
⑤	서안 해양성	지중해성

06 지중해성 기후 지역에 대한 설명으로 옳은 것은?

① 올리브, 포도 등을 많이 재배한다.
② 겨울이 건조하여 수목 농업이 유리하다.
③ 편서풍의 영향으로 일 년 내내 습윤하다.
④ 침엽수림이 넓게 분포해 목재 생산지로 유명하다.
⑤ 가축을 사육하면서 식량 작물과 사료 작물을 재배한다.

도전!!
07 다음 글에 해당하는 국가와 기후가 바르게 연결된 것은?

유럽 서부에 위치한 섬 국가로, 일 년 내내 비가 고르게 오는 특징이 있다. 그래서 사람들은 외출할 때 방수 기능이 있는 트렌치코트와 우산을 챙긴다.

	국가	기후
①	그리스	지중해성 기후
②	이탈리아	지중해성 기후
③	영국	서안 해양성 기후
④	독일	서안 해양성 기후
⑤	프랑스	서안 해양성 기후

서술형
08 노르딕 스키와 알파인 스키가 유래한 지역의 산지 특징을 형성 시기, 해발 고도 측면에서 비교하여 서술하시오.

스칸디나비아산맥에 있는 노르웨이에서 이름이 유래한 노르딕 스키는 평탄한 곳을 빠르게 이동하는 것이다. 알프스산맥에서 이름이 유래한 알파인 스키는 산지의 경사면을 빠르게 내려오는 것이다.

▲ 노르딕 스키

▲ 알파인 스키

02 유럽의 다양한 도시

1 다양한 기능과 특징을 지닌 유럽의 도시

 핵심 point 각 주요 도시마다 어떤 특색이 있는지 살펴보세요.

관광 도시	역사 · 문화 도시	

에스파냐의 빌바오는 쇠퇴하던 공업 도시였으나, 문화·예술 산업을 육성하여 세계적인 관광지로 발전함	그리스의 아테네는 고대 그리스와 로마, 중세 시대의 역사를 간직한 문화유산이 많음	오스트리아의 빈은 음악의 도시로 유명하며, 세계에서 살기 좋은 도시로 꼽히고 있음

첨단 도시	세계 도시	

프랑스의 소피아 앙티폴리스는 세계적 수준의 첨단 과학 산업 단지가 있음	영국의 런던은 세계 경제의 중심지로, 기업의 본사와 금융 기관이 모여 있음	프랑스의 파리는 경제, 정치, 문화 측면에서 세계적으로 영향력이 큰 대도시임

바로학습 1 유럽의 다양한 도시 파악하기

> 정답과 해설 09쪽

유럽 도시 여행 계획표를 보고, 초성을 참고하여 ㉠~㉢에 해당하는 도시의 이름을 써 보세요.

일정	1일 차	2일 차	3일 차
모습			
국가	러시아	이탈리아	네덜란드
설명	유럽에서 인구가 가장 많은 도시이며 붉은 광장, 크렘린 궁전이 유명한 곳	유명 패션 브랜드 본사, 의류 업체 등이 위치한 세계적인 패션 및 디자인 중심 도시	유럽의 관문이라고 불리는 북해 연안의 항구 도시
도시	㉠　　　ㅁㅅㅋㅂ	㉡　　　ㅁㄹㄴ	㉢　　　ㅇㅅㅌㄹㅇ

2 기후위기에 대응한 지속가능한 도시 6학년 | 2학기 | 2단원 연계

1 지속가능한 도시

의미	자연환경을 보호하면서 경제·사회·문화적으로 균형있게 발전하는 도시
등장 배경	• 산업화와 도시화 과정에서 발생한 다양한 문제를 해결하기 위해 등장함 • 기후위기에 대응하고 탄소중립을 실현하기 위한 도시로 주목받고 있음 • 탄소중립은 인간 활동에 의해 발생하는 온실가스를 최대한 줄여 순 배출량을 '0'으로 만드는 일임

2 지속가능한 도시를 만들기 위한 노력

재생 에너지	환경 친화적인 교통수단	녹지 공간의 보존과 확대
		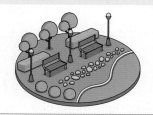
화석 에너지 사용을 줄이고 태양광이나 풍력 등의 재생 에너지를 활용함	이산화 탄소 등 온실 가스의 배출량을 줄일 수 있도록 대중교통과 자전거 이용을 장려함	공원 및 건물에 숲을 조성하는 등 도시 내 녹지 공간이 차지하는 면적을 늘림

3 유럽의 지속가능한 도시 유럽의 많은 도시들이 지속가능한 도시를 만들기 위해 다양한 노력을 하고 있어요.

독일의 프라이부르크	네덜란드의 암스테르담	덴마크의 코펜하겐

다양한 분야에서 재생 에너지를 활용하고, 환경 친화적인 정책을 시행하는 등의 노력으로 '환경 수도'로 불림	자전거 이용에 최적화된 도시 구조로 유명하며, 출퇴근 시 많은 사람이 자전거를 이용함	'바람의 도시'라고 불릴 정도로 대부분의 에너지를 풍력 발전을 통해 충당하고 있음

바로학습 ② 유럽의 지속가능한 도시 살펴보기 〉 정답과 해설 09쪽

빈칸 ㉠, ㉡에 들어갈 알맞은 말을 써 보세요.

> 독일의 ㉠□□□□□□은/는 다양한 환경 정책을 실시하여 '환경 수도'라고 불리고 있어요.

> 유럽의 지속가능한 도시에 대해 말해 볼까요?

> 덴마크의 수도 ㉡□□□□ 은/는 '바람의 도시'라고 불리고 있습니다. 그 이유는 풍력 발전으로 도시에 필요한 에너지를 충당하고 있기 때문입니다.

㉠_____

㉡_____

탄탄 문제

01 다음 설명이 맞으면 ○표, 틀리면 ✕표 하시오.

(1) 유럽에는 다양한 유형의 도시가 발달하였다.
( )

(2) 그리스의 아테네는 세계 경제의 중심 역할을 하고 있다.
( )

(3) 오스트리아의 빈은 문화 및 예술이 발달한 도시이다.
( )

02 다음 설명의 알맞은 말에 ○표 하시오.

> 유럽에는 다양한 매력을 가진 도시들이 많은데, 그 중 영국의 런던은 세계 경제의 중심 역할을 하는 (세계 도시 / 첨단 도시)이다.

03 다음 설명에 해당하는 개념을 쓰시오.

> 인간 활동에 의해 발생하는 온실가스를 최대한 줄여 실질적인 온실가스 배출량을 '0'으로 만드는 것을 말한다.

04 초성을 참고하여 빈칸에 들어갈 알맞은 도시를 쓰시오.

> 네덜란드의 수도인 ㅇ ㅅ ㅌ ㄹ ㄷ 은/는 기후 위기에 대응하기 위한 다양한 정책을 실시하고 있다. 대표적으로 스마트 시스템 도입을 통한 자전거 주차장, 태양광 자전거 도로 등이 있다.

쑥쑥 문제

01 (가), (나)에 해당하는 도시의 이름을 바르게 연결한 것은?

(가)	(나)
음악의 도시이자, 세계에서 살기 좋은 도시로 꼽히는 문화·예술 도시	세계적인 경제와 금융의 중심지이며 빅 벤, 타워 브리지가 유명한 도시

	(가)	(나)		(가)	(나)
①	빈	런던	②	빈	밀라노
③	빈	아테네	④	파리	런던
⑤	파리	밀라노			

02 다음 글의 (가)에 들어갈 도시로 옳은 것은?

> 에스파냐 북부의 _____(가)_____ 은/는 과거 철강 산업 중심의 공업 도시였지만, 철강 산업이 경쟁력을 잃자 인구가 감소하고 지역 경제가 침체했다. 침체된 도시를 살리기 위해 미술관을 유치하는 등 문화 도시로 탈바꿈하여 연간 100만 명 이상의 관광객이 찾는 도시가 되었다.

① 런던 　　　② 빌바오
③ 브뤼셀 　　④ 아테네
⑤ 코펜하겐

03 다음 글의 밑줄 친 이 도시로 옳은 것은?

> 이탈리아 북부의 이 도시는 유명 패션 브랜드의 본사, 의류 업체 등이 위치한 세계적인 패션 및 디자인 중심 도시이다.

① 빈 　　　　② 빌바오
③ 밀라노 　　④ 모스크바
⑤ 소피아 앙티폴리스

04 ㉠에 공통으로 들어갈 말로 옳은 것은?

> 세계 기업의 본사가 많고 자본과 정보가 집중하여 주변 국가와 도시들에 미치는 영향력이 매우 큰 도시를 (㉠)라고 한다. 영국 런던, 프랑스 파리는 대표적인 (㉠)이다.

① 고산 도시
② 역사 도시
③ 관광 도시
④ 세계 도시
⑤ 지속가능한 도시

05 탄소중립에 대한 옳은 설명을 [보기]에서 고른 것은?

보기

> ㄱ. 지구의 평균 기온이 점점 높아지는 현상이다.
> ㄴ. 온실가스의 순 배출량을 '0'으로 만드는 일이다.
> ㄷ. 탄소중립을 위해 지속가능한 도시가 주목받고 있다.
> ㄹ. 탄소중립을 위해서는 화석 에너지 사용을 늘려야 한다.

① ㄱ, ㄴ　　② ㄱ, ㄷ　　③ ㄴ, ㄷ
④ ㄴ, ㄹ　　⑤ ㄷ, ㄹ

06 지속가능한 도시를 만들기 위한 노력으로 옳지 <u>않은</u> 것은?

① 화석 에너지 사용을 줄인다.
② 도시 안에 공원을 많이 조성한다.
③ 태양광, 풍력 등 재생 에너지 사용량을 늘린다.
④ 개인 자동차 이용을 장려하는 정책을 시행한다.
⑤ 교통 체증을 유발하는 차량에 혼잡 통행료를 부과한다.

도전!!

07 유럽 도시들의 공통점으로 가장 적절한 것은?

> • 덴마크 코펜하겐
> • 이탈리아 밀라노
> • 독일 프라이부르크
> • 네덜란드 암스테르담

① 세계적인 축제를 개최하는 곳
② 극심한 빈부 격차가 발생하는 곳
③ 지속가능한 도시로 주목받는 곳
④ 심각한 대기 오염 문제가 나타나는 곳
⑤ 대규모 산업 단지가 조성되어 있는 곳

도전!!

08 다음 글에서 소개하고 있는 도시로 옳은 것은?

> 안녕? 내가 사는 도시를 소개할게. 이곳은 집집마다 지붕에 태양광 패널을 설치하는 등 재생 에너지를 많이 활용하고 있어. 그래서 '환경 수도'로 불리는 곳이야.

① 영국 런던
② 오스트리아 빈
③ 벨기에 브뤼셀
④ 그리스 아테네
⑤ 독일 프라이부르크

서술형

09 지속가능한 도시를 만들기 위한 유럽 도시의 노력을 한 가지 이상 서술하시오.

_____

_____

03 유럽의 통합과 분리

1 통합을 꿈꾸는 유럽

1 유럽 연합(EU)의 등장 `핵심 point` 유럽 연합의 회원국과 비회원국, 탈퇴국을 구분해 보세요.

정의	유럽의 정치·경제 통합을 실현하기 위한 유럽 국가들의 연합 기구
형성 배경	두 차례의 세계 대전을 겪으면서 유럽 지역의 경제 발전과 평화를 위해 등장함

2 유럽 연합(EU)의 형성 과정

출범	1993년 출범 당시 서부 유럽 중심의 12개국이 가입함, 본부는 벨기에의 브뤼셀에 있음
2000년대	동부 유럽 국가의 가입으로 유럽 연합(EU)이 확장되어 28개국까지 확장
현재	• 영국의 탈퇴로 2023년 기준 27개국이 가입해 있음 • 튀르키예, 우크라이나 등은 유럽 연합 가입을 희망하고 있음

▲ 유럽 연합의 깃발

바로학습① 유럽 연합(EU) 회원국 파악하기

> 정답과 해설 09쪽

최초 회원국
추가 가입한 회원국
탈퇴한 국가
가입 희망 국가

(유럽 연합, 2023)

(1) 유럽 연합(EU)의 회원국을 가입 시기별로 3곳씩 아래 표에 적어 보세요.

㉠ 최초 회원국	
㉡ 추가 가입한 회원국	

(2) 유럽 연합(EU) 가입 희망국 2곳 이상과 탈퇴한 국가를 아래 표에 적어 보세요.

㉠ 가입 희망국	
㉡ 탈퇴국	

---

3 유럽 연합(EU) 회원국의 주민 생활

단일 화폐 사용	회원국 간 자유로운 이동	회원국 간 자유로운 경제 활동	회원국 간 관세 감면

유로(Euro)라는 단일 화폐를 사용함	유럽 연합의 시민들은 입국 및 출국 수속 없이 회원국 간에 자유롭게 이동할 수 있음	회원국 어디에서든 자유로운 사업 활동을 할 수 있으며, 직업을 가질 수 있음	회원국 간에 관세가 없기 때문에 다양한 국가의 물건을 저렴한 가격에 살 수 있음

2 유럽의 분리·독립 움직임

1 분리·독립 움직임이 나타나는 지역 분리·독립 움직임이 나타나는 지역의 위치를 지도에서 확인해 보세요.

지역	이유
에스파냐의 카탈루냐	• 지역의 고유한 문화와 역사를 지님 • 다른 지역보다 높은 세금 부담에 비해 정부의 혜택이 적다는 이유로 독립을 희망함
이탈리아의 파다니아	• 밀라노, 베네치아, 볼로냐 등을 포함하는 이탈리아 북부 지역 • 상대적으로 경제 수준이 낮은 남부 지역과의 분리·독립을 희망함
벨기에의 플랑드르	• 벨기에 북부에 있는 지역으로 네덜란드어를 사용함 • 프랑스어를 사용하는 남부의 왈롱 지역과의 언어, 경제적 격차로 분리·독립을 희망함
영국의 스코틀랜드	민족, 언어, 문화가 다른 잉글랜드로부터 분리·독립을 희망함

▲ 유럽 내 분리·독립 움직임이 나타나는 지역

바로학습 ② 분리·독립 움직임이 나타나는 지역 살펴보기

> 정답과 해설 09쪽

(1) 다음은 벨기에의 지역별 언어를 보여 주는 지도입니다. 네덜란드어와 프랑스어 사용 지역을 범례 색깔에 맞춰 색칠해 보세요.

(2) 다음은 이탈리아의 지역별 경제 격차를 보여 주는 지도입니다. 지도의 점선을 따라 그려 분리·독립을 희망하는 파다니아 지역의 위치를 확인해 보세요.

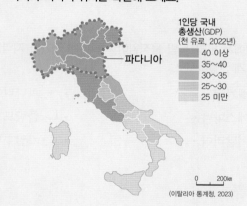

2 브렉시트(Brexit)

의미	'영국(Britain)'과 '탈퇴(exit)'의 합성어로, 영국의 유럽 연합 탈퇴를 의미함
원인	• 유럽 연합 가입으로 얻는 이익에 비해 유럽 연합에 지불하는 분담금이 많다는 불만이 커짐 • 취업을 위해 영국으로 이주하는 이민자 수가 급증하면서 자국민의 일자리가 줄어들고, 문화 차이에 따른 갈등이 발생함
과정	유럽 연합 회원국 유지에 대한 반대 여론이 높아짐 ➡ 2016년 6월, 국민 투표를 통해 유럽 연합 탈퇴를 결정 ➡ 2020년 1월, 유럽 연합에서 탈퇴
탈퇴 후 문제점	• 외국인 노동자가 빠져나가 노동력이 부족해짐 • 유럽 내 다른 국가와의 자유로운 무역이 어려워짐

▲ 영국의 유럽 연합 탈퇴를 공식화한 2020년 1월 31일의 유럽 연합 탈퇴 지지자 모습

탄탄 문제

01 초성을 참고하여 빈칸에 들어갈 알맞은 단어를 쓰시오.

> 유럽은 두 차례의 세계 대전을 겪으면서 경제 발전과 평화를 마련하기 위해 ㅇㄹ ㅇㅎ 을/를 만들어 유럽의 통합과 결속을 이끌어 내었다.

02 다음 설명이 맞으면 ○표, 틀리면 ✕표 하시오.

(1) 유럽 연합 회원국은 국가 간의 이동이 자유롭다.
                                  (   )

(2) 유럽 연합 회원국은 단일 화폐인 유로(Euro)를 사용한다.   (   )

(3) 튀르키예, 우크라이나는 현재 유럽 연합 회원국이다.   (   )

03 유럽에서 분리·독립 움직임이 나타나는 국가와 지역을 바르게 연결하시오.

(1) 벨기에 •   • ㄱ. 파다니아

(2) 에스파냐 •   • ㄴ. 플랑드르

(3) 이탈리아 •   • ㄷ. 카탈루냐

04 다음 설명의 알맞은 말에 ○표 하시오.

> 벨기에는 네덜란드어를 주로 사용하는 (플랑드르 / 왈롱) 지역과 프랑스어를 주로 사용하는 (플랑드르 / 왈롱) 지역으로 나눌 수 있다.

05 다음 설명에 해당하는 개념을 쓰시오.

> 영국과 탈퇴의 합성어로, 영국의 유럽 연합 탈퇴를 의미한다.

쏙쏙 문제

01 유럽 연합(EU)에 대한 설명으로 옳지 <u>않은</u> 것은?

① 벨기에 브뤼셀에 본부를 두고 있다.
② 단일 화폐인 유로(Euro)를 사용한다.
③ 회원국 간에는 입출국 절차 없이 이동할 수 있다.
④ 회원국 간의 노동력, 서비스의 이동이 불가능하다.
⑤ 출범 당시에는 서부 유럽 국가 중심이었다가 2000년대 들어 동부 유럽 국가가 가입하면서 확대되었다.

02 유럽 연합(EU)에 대한 옳은 설명을 보기 에서 고른 것은?

> **보기**
> ㄱ. 유럽 국가들의 연합 기구이다.
> ㄴ. 튀르키예는 현재 유럽 연합에 가입해 있다.
> ㄷ. 2023년 기준으로 28개국이 가입해 있다.
> ㄹ. 두 차례의 세계 대전 이후 유럽 통합을 위해 만들어졌다.

① ㄱ, ㄴ   ② ㄱ, ㄹ   ③ ㄴ, ㄷ
④ ㄴ, ㄹ   ⑤ ㄷ, ㄹ

03 제시된 국가들의 공통점으로 옳은 것은?

> • 튀르키예   • 우크라이나

① 서부 유럽에 속한다.
② 유럽 연합 비회원국이다.
③ 유럽 연합 초기에 가입하였다.
④ 유럽 연합에서 최근 탈퇴하였다.
⑤ 2000년대 들어서 유럽 연합에 가입하였다.

04 ㉠, ㉡에 들어갈 말을 바르게 연결한 것은?

> 이탈리아 북부 지역인 (㉠)은/는 제조업이 발달해 국가 내에서도 경제 수준이 (㉡) 곳이다. 농업이 발달한 남부 지역과의 경제적 차이로 분리·독립 움직임이 나타나고 있는 지역이다.

	㉠	㉡
①	바스크	높은
②	바스크	낮은
③	파다니아	낮은
④	파다니아	높은
⑤	스코틀랜드	높은

05 제시된 지역들의 공통점으로 옳은 것은?

> • 영국의 스코틀랜드   • 에스파냐의 카탈루냐
> • 벨기에의 플랑드르   • 이탈리아의 파다니아

① 모두 같은 언어를 사용한다.
② 유럽 연합의 초기 회원국이다.
③ 분리·독립 움직임이 나타나는 지역이다.
④ 국가 내에서 경제 수준이 낮은 지역이다.
⑤ 유럽의 통합 발전에 큰 역할을 하고 있다.

06 다음 글의 밑줄 친 이 국가로 옳은 것은?

> 이 국가는 독일에 이어 두번째로 유럽 연합에 많은 분담금을 지불하고 있었다. 또한 이주민의 유입으로 국민들이 취업이 어려워지자, 유럽 연합을 탈퇴하자는 목소리가 커졌다. 이에 2020년 1월에 공식적으로 유럽 연합을 탈퇴하였다.

① 영국   ② 그리스   ③ 프랑스
④ 에스파냐   ⑤ 이탈리아

[07~08] 다음은 유럽 내 분리·독립 움직임이 있는 지역을 나타낸 지도이다. 이를 보고 물음에 답하시오.

07 다음 글의 밑줄 친 이 지역을 지도의 A~E에서 고른 것은?

> 이 지역은 지리적으로 네덜란드와 가까워 네덜란드어를 주로 사용한다. 반면에 이 지역의 남쪽은 프랑스어를 주로 사용해 두 지역 간 문화적 차이가 나타난다.

① A   ② B   ③ C
④ D   ⑤ E

08 다음 글에서 설명하는 지역을 지도의 A~E에서 고른 것은?

> 과거부터 카탈루냐어를 사용하는 등 고유한 문화를 지닌 곳이다. 오랜 기간 자치권을 누려왔으며, 최근에는 높은 경제적 소득으로 국가 내에서 분리·독립을 원하고 있다.

① A   ② B   ③ C
④ D   ⑤ E

09 유럽 연합이 주민 생활에 미치는 긍정적 영향을 두 가지 이상 서술하시오.

_____

_____

01 (가), (나)에 들어갈 내용을 바르게 연결한 것은?

> 유럽은 서쪽으로 대서양, 남쪽으로는 ___(가)___, 북쪽으로는 북극해, 동쪽으로는 ___(나)___ 과/와 접하고 있다.

	(가)	(나)		(가)	(나)
①	아시아	지중해	②	아시아	태평양
③	지중해	아시아	④	지중해	태평양
⑤	태평양	아시아			

02 (가), (나)에 해당하는 국가를 지도의 A~C에서 고른 것은?

> (가) 과거 분단의 아픔이 있는 국가이다. 수도 베를린에 있는 브란덴부르크 문은 자유와 평화를 상징하는 곳으로 유명하다.
> (나) 잉글랜드, 스코틀랜드, 웨일스, 북아일랜드로 구성된 국가이다. 수도 런던에는 템스강이 흐르고 있다.

	(가)	(나)
①	A	B
②	A	C
③	B	A
④	C	A
⑤	C	B

03 지도의 A와 B 산맥에 대한 설명으로 옳은 것은? (단, A와 B는 스칸디나비아산맥, 알프스산맥 중 하나임.)

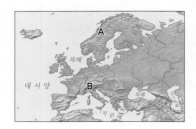

> **보기**
> ㄱ. A는 B보다 형성 시기가 이르다.
> ㄴ. B는 A보다 경사가 완만한 편이다.
> ㄷ. A는 B보다 평균 해발 고도가 높다.
> ㄹ. A는 스칸디나비아산맥, B는 알프스산맥이다.

① ㄱ, ㄴ ② ㄱ, ㄹ ③ ㄴ, ㄷ ④ ㄴ, ㄹ ⑤ ㄷ, ㄹ

04 다음 소개글과 관련있는 기후에 대한 옳은 설명을 **보기**에서 고른 것은?

> 이곳은 포도가 잘 자라는 기후가 나타나 포도를 이용한 와인 산업이 발달했다. 올리브나 레몬과 같은 작물의 생산도 많은 편이다.

> **보기**
> ㄱ. 일 년 내내 습윤하다.
> ㄴ. 여름에는 날씨가 덥고 건조하다.
> ㄷ. 뾰족한 잎을 가진 침엽수림이 발달한다.
> ㄹ. 주로 지중해 연안에 나타나는 기후이다.

① ㄱ, ㄴ ② ㄱ, ㄷ ③ ㄴ, ㄷ
④ ㄴ, ㄹ ⑤ ㄷ, ㄹ

주관식

05 다음 글에서 설명하는 농업 형태와 관련 있는 기후를 쓰시오.

> 편서풍의 영향으로 일 년 내내 습윤하여 목초지 재배에 유리하다. 그래서 곡물 재배와 가축 사육을 동시에 하는 혼합 농업이 발달했다.

06 다음 글에서 설명하는 국가의 위치를 지도의 A~E에서 고른 것은?

> 세계적인 경제와 금융의 중심지이며 빅 벤, 타워 브리지가 유명한 도시이다.

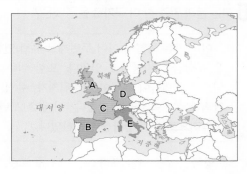

① A ② B ③ C ④ D ⑤ E

07 유럽의 도시에 대한 옳은 설명을 [보기]에서 고른 것은?

> **보기**
> ㄱ. 오스트리아 빈에는 유럽 연합의 본부가 있다.
> ㄴ. 영국 런던은 세계 경제의 중심지 역할을 한다.
> ㄷ. 벨기에 브뤼셀은 세계적인 패션 및 디자인 중심 도시이다.
> ㄹ. 프랑스 소피아 앙티폴리스에는 세계적인 첨단 과학 산업 단지가 있다.

① ㄱ, ㄴ   ② ㄱ, ㄷ   ③ ㄴ, ㄷ
④ ㄴ, ㄹ   ⑤ ㄷ, ㄹ

주관식

08 (가)에 들어갈 신·재생 에너지를 쓰시오.

> 덴마크의 수도 코펜하겐은 '바람의 도시'라고 불리고 있다. 이는 바다에서 불어오는 풍부한 바람을 활용한 ____(가)____ (으)로 도시 내 필요한 에너지를 충당하고 있기 때문이다.

09 유럽의 지속가능한 도시에 대한 설명으로 옳지 <u>않은</u> 것은?

① 도시 내 녹지 공간이 차지하는 비율이 높은 편이다.
② 재생 에너지를 활용한 전력 생산의 비율이 높은 편이다.
③ 독일의 프라이부르크, 덴마크의 코펜하겐 등이 대표적이다.
④ 기후 위기에 대응하고 탄소중립을 실천하기 위한 도시이다.
⑤ 교통의 혼잡을 줄이기 위해 자동차 전용 도로가 많이 건설되어 있다.

10 다음은 유럽 연합 가입에 대한 각 국가의 입장이다. (가)~(다)에 해당하는 국가를 바르게 연결한 것은?

(가)	우리는 아직 비회원이지만 유럽 연합에 가입하고 싶습니다.
(나)	우리는 중립국으로서 유럽 연합에 가입하지 않았습니다.
(다)	우리는 국민 투표를 거쳐 유럽 연합에서 탈퇴하였습니다.

	(가)	(나)	(다)
①	폴란드	스위스	체코
②	폴란드	이탈리아	영국
③	튀르키예	스위스	체코
④	튀르키예	스위스	영국
⑤	튀르키예	이탈리아	영국

11 자료에서 설명하는 (가) 지역으로 옳은 것은?

1인당 국내 총생산(GDP) (천 유로, 2022년)
40 이상 / 35~40 / 30~35 / 25~30 / 25 미만
(이탈리아 통계청, 2023)

> 지도에 표시된 (가) 지역은 이탈리아에서 경제적으로 부유한 곳이다. 남부 지역과의 경제적 격차로 이탈리아에서 분리·독립하기를 원하고 있다.

① 바스크   ② 플랑드르   ③ 파다니아
④ 카탈루냐   ⑤ 스코틀랜드

IV

아프리카

아프리카 파헤치기

아프리카 백지도의 ❶~⑬에 해당하는 주요 국가와 도시의 이름을 알맞게 써 보세요.
→ 빈칸을 모두 채울 수 없다면, 세계 지도 워크북에서 학습하길 바라요!

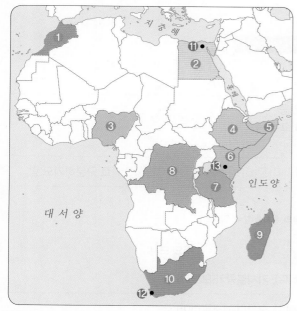

번호	국가명	번호	국가명
❶		❽	
❷		❾	
❸		❿	
❹		번호	도시명
❺		⑪	
❻		⑫	
❼		⑬	

정답 ❶ 모로코 ❷ 이집트 ❸ 나이지리아 ❹ 에티오피아 ❺ 소말리아 ❻ 케냐 ❼ 탄자니아 ❽ 콩고 민주 공화국 ❾ 마다가스카르 ❿ 남아프리카 공화국 ⑪ 카이로 ⑫ 케이프타운 ⑬ 나이로비

〈Ⅳ. 아프리카〉 단원을 학습하기 위해 꼭 알아야 할 단어입니다. 다음 물음에 답해 보세요.

(1) 다음 뜻에 해당하는 단어를 써 보세요.

뜻	단어
① 자동차를 타고 다니며 야생 동물을 구경하는 관광을 말한다.	
② 삼림에 불을 태워 그 재를 비료로 사용하여 작물을 재배하고, 토지가 황폐해지면 다른 곳으로 이동하는 전통적인 농업 방식이다.	
③ 개발 도상국의 농가에게 정당한 가격을 지불하여 해당 국가의 농민들이 자립할 수 있도록 하는 무역 방식이다.	

(2) 초성을 참고하여 빈칸에 들어갈 알맞은 단어를 써 보세요.

① 일년 중 비가 적게 내리는 기간을 ㄱㄱ, 비가 많이 내리는 기간을 ㅇㄱ(이)라고 한다. ( )

② 총인구를 연령 순으로 나열할 때 정중앙에 있는 사람의 연령을 ㅈㅇ ㅇㄹ(이)라고 한다. ( )

③ 정부에 속해 있지 않고 공공의 이익을 위해 개인 또는 민간 단체에 의해 조직된 기구를 ㅂㅈㅂ ㄱㄱ(이)라고 한다.
( )

정답 (1) ① 사파리 관광 ② 이동식 화전 농업 ③ 공정 무역 (2) ① 건기, 우기 ② 중위 연령 ③ 비정부 기구

01 아프리카의 위치와 자연환경

우리의 약속 👉 회색으로 써진 글씨는 따라 쓰고, 색이 칠해진 부분을 형광펜으로 줄을 치며 꼼꼼히 읽어보세요.

1 아프리카의 위치와 국가 및 주요 도시 [6학년 | 2학기 | 1단원 연계]

1 아프리카의 위치와 지역 구분

위치	• 북쪽으로는 지중해를 사이에 두고 유럽과 마주하고 있음 • 서쪽으로는 대서양, 동쪽으로는 인도양과 홍해를 접하고 있음 • 적도를 기준으로 북반구와 남반구에 걸쳐 있음
지역 구분	세계에서 가장 큰 사막인 사하라 사막을 기준으로 북부 아프리카, 중·남부 아프리카로 구분하기도 함

2 아프리카의 국가와 주요 도시 핵심 point 아프리카의 주요 국가와 도시의 위치를 알아 두세요!

지역 구분	주요 국가	주요 도시
북부 아프리카	이집트, 모로코 등	카이로(이집트), 카사블랑카(모로코) 등
중부 아프리카	(동부) 케냐, 탄자니아 등	나이로비(케냐), 모가디슈(소말리아) 등
	(서부) 나이지리아 등	아부자·라고스(나이지리아) 등
남부 아프리카	남아프리카 공화국 등	케이프타운·요하네스버그(남아프리카 공화국) 등

바로학습 1 아프리카의 주요 도시 위치 찾기

> 정답과 해설 11쪽

다음은 아프리카의 주요 도시를 소개하는 글과 도시의 위치를 지도에 표시한 것입니다. 초성을 참고하여 ㉠~㉣에 해당하는 도시의 이름을 써 보세요.

㉠ 이집트의 수도로, 수 천 년 전 번성했던 이집트 문명의 유적이 많음

㉡ 남아프리카 공화국에 있는 도시로, 아프리카를 대표하는 금융 중심지임

㉢ 케냐의 수도로, 사파리 관광이 유명하며 최근 정보 기술(IT) 산업이 발달하고 있음

㉣ 기니만 연안에 있는 나이지리아의 항구 도시로, 아프리카 도시 중 인구가 가장 많음

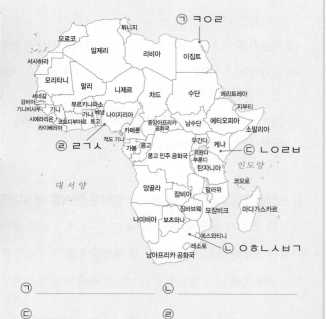

㉠ _____   ㉡ _____

㉢ _____   ㉣ _____

2 아프리카의 자연환경 `6학년 | 2학기 1단원 연계`

1 아프리카의 지형

사하라 사막	나일강	킬리만자로산	빅토리아 폭포
아프리카 북부에 있는 사막으로, 세계에서 면적이 가장 넓은 사막임	세계에서 가장 긴 강으로, 사하라 사막을 통과하여 지중해로 흘러 들어감	탄자니아에 위치하며 해발 고도 약 5,895m로 아프리카에서 가장 높은 산임	세계 3대 폭포 중 하나로 아프리카 남부에 있으며, 유네스코 세계 유산에 등재됨

2 아프리카의 기후와 주민 생활 아프리카의 기후는 데칼코마니 작품처럼 적도를 중심으로 대칭적으로 분포해요!

(1) 기후 구분

열대 기후	적도 부근, 일 년 내내 비가 많이 내리는 지역과 건기와 우기가 뚜렷한 지역이 나타남		
건조 기후	북부 지역과 남서부 해안 지역	온대 기후	북부의 지중해 연안과 남동부 지역

(2) 주민 생활

이동식 화전 농업	플랜테이션	관광 산업	오아시스 농업
일 년 내내 비가 많이 내리는 열대 기후 지역에서는 • 전통적으로 화전 농업 방식을 활용해 얌, 카사바 등을 재배함 • 플랜테이션으로 고무, 카카오, 기름야자 등을 대규모로 재배함		건기와 우기가 뚜렷한 열대 기후 지역에서는 사파리 관광이 발달함	건조 기후 지역에서 오아시스나 나일강 주변에서 농사를 지으며 살아감

바로학습 2 아프리카의 지형과 기후 살펴보기 ▶ 정답과 해설 11쪽

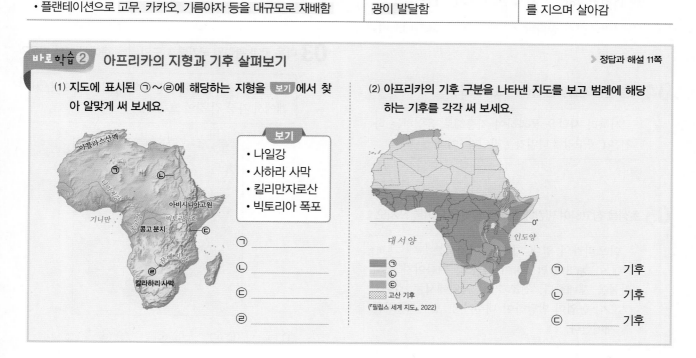

(1) 지도에 표시된 ㉠~㉢에 해당하는 지형을 `보기` 에서 찾아 알맞게 써 보세요.

보기
• 나일강
• 사하라 사막
• 킬리만자로산
• 빅토리아 폭포

㉠ _____

㉡ _____

㉢ _____

㉣ _____

(2) 아프리카의 기후 구분을 나타낸 지도를 보고 범례에 해당하는 기후를 각각 써 보세요.

㉠ _____ 기후

㉡ _____ 기후

㉢ _____ 기후

탄탄 문제

01 다음 설명이 맞으면 ○표, 틀리면 ✕표 하시오.

(1) 사우디아라비아는 아프리카 대륙에 속한다.
( )

(2) 사하라 사막은 세계에서 가장 넓은 사막이다.
( )

(3) 아프리카 북부의 지중해 연안 지역에서는 열대 기후가 나타난다. ( )

02 ㉠~㉢에 들어갈 해양의 이름을 각각 쓰시오.

> 아프리카 대륙은 바다로 둘러싸여 있다. 대륙의 서쪽으로는 (㉠)과/와 접하고, 동쪽으로는 (㉡)과/와 홍해를 접하고 있으며, 북쪽으로는 (㉢)을/를 사이에 두고 유럽과 마주하고 있다.

㉠ _____ ㉡ _____

㉢ _____

03 아프리카의 국가와 주요 도시를 바르게 연결하시오.

(1) 케냐 •　　　• ㄱ. 카이로

(2) 이집트 •　　　• ㄴ. 라고스

(3) 나이지리아 •　　　• ㄷ. 나이로비

(4) 남아프리카 공화국 •　　• ㄹ. 요하네스버그

04 다음 설명의 알맞은 말에 ○표 하시오.

> 사하라 사막을 통과하여 지중해로 유입하는 하천은 (콩고강 / 나일강 / 라인강)이다.

05 초성을 참고하여 빈칸에 들어갈 알맞은 단어를 쓰시오.

> 아프리카의 열대 기후 지역에서는 ［ㅍ］［ㄹ］［ㅌ］ ［ㅇ］［ㅅ］ 농업이 발달하여 카카오, 기름야자 등의 작물을 재배한다. 건조 기후 지역에서는 ［ㅇ］［ㅇ］ ［ㅅ］［ㅅ］ 농업이 발달하여 대추야자, 밀 등의 작물을 재배한다.

쑥쑥 문제

01 다음 중 아프리카와 접하고 있는 해양이 <u>아닌</u> 것은?

① 홍해　　② 대서양　　③ 인도양

④ 태평양　　⑤ 지중해

02 아프리카의 국가와 주요 도시가 바르게 연결된 것은?

① 세네갈 – 라고스

② 모로코 – 카이로

③ 소말리아 – 나이로비

④ 이집트 – 카사블랑카

⑤ 남아프리카 공화국 – 요하네스버그

도전!!
03 다음 글과 관련된 국가를 지도의 ㉠~㉢에서 고른 것은?

> 수천 년 전 번성했던 문명의 유적이 많으며, 세계에서 가장 긴 강이 흐른다.

① ㉠　② ㉡　③ ㉢　④ ㉣　⑤ ㉤

04 빈칸에 들어갈 도시로 옳은 것은?

> 아프리카 서부에 위치한 나이지리아에는 항구 도시인 ( )가 있다. 이 도시는 아프리카에서 인구가 가장 많은 도시로 유명하다.

① 카이로 　② 라고스 　③ 모가디슈
④ 카사블랑카 　⑤ 요하네스버그

05 아프리카 지형에 대한 설명으로 옳은 것은?

① 중부 지역에는 사막이 넓게 펼쳐져 있다.
② 세계 3대 폭포인 나이아가라 폭포가 있다.
③ 아프리카에서 가장 높은 산은 킬리만자로산이다.
④ 사하라 사막은 세계에서 두 번째로 넓은 사막이다.
⑤ 콩고강은 이집트와 사하라 사막을 통과하여 흐른다.

06 다음 기후 그래프와 관련 있는 설명으로 옳지 않은 것은?

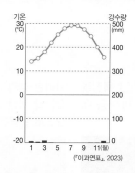

(『이과연표』, 2023)

① 이집트에서 볼 수 있는 기후이다.
② 세계에서 가장 넓은 사막이 발달해 있다.
③ 중부 아프리카에 주로 나타나는 기후이다.
④ 매우 건조하여 나무와 풀이 자라기 어렵다.
⑤ 물을 구하기 쉬운 오아시스 주변에 사람들이 모여 산다.

07 아프리카의 기후에 대한 옳은 설명을 [보기]에서 고른 것은?

> **보기**
> ㄱ. 적도 부근은 열대 기후가 나타난다.
> ㄴ. 남동부 해안 지역은 온대 기후가 나타난다.
> ㄷ. 북부 아프리카에는 열대 기후가 넓게 나타난다.
> ㄹ. 지중해 연안과 남아프리카 공화국 일대에는 사막이 넓게 펼쳐져 있다.

① ㄱ, ㄴ 　② ㄱ, ㄷ 　③ ㄴ, ㄷ
④ ㄴ, ㄹ 　⑤ ㄷ, ㄹ

08 (가), (나)에 해당하는 농업을 바르게 연결한 것은?

> (가) 저렴한 노동력과 선진국의 기술 및 자본이 결합하여 열대작물을 대규모로 재배하는 농업 방식
> (나) 삼림을 불태워 작물을 재배하고 토지가 황폐해지면 다른 지역으로 이동하는 전통적인 농업 방식

	(가)	(나)
①	혼합 농업	오아시스 농업
②	혼합 농업	이동식 화전 농업
③	플랜테이션	혼합 농업
④	플랜테이션	오아시스 농업
⑤	플랜테이션	이동식 화전 농업

서술형

09 다음 글의 밑줄 친 ㉠~㉢ 중 틀린 내용을 찾아 바르게 고치시오.

> 아프리카의 ㉠ 열대 기후 지역에서는 옥수수와 카사바 등의 식량 작물을 재배하는 이동식 화전 농업이 발달했다. ㉡ 건조 기후 지역에서는 고무나무, 카카오, 커피 등을 재배하는 플랜테이션 농업이 발달했다. 또한 ㉢ 이집트의 나일강 주변에서는 밀과 대추야자 등의 작물을 재배하는 농업이 발달했다.

02 아프리카의 문화와 지역 잠재력

1 아프리카의 문화 다양성

 핵심 point 아프리카의 종교와 문화는 다른 대륙과 어떤 영향을 주고받는지 꼭 확인하세요!

1 전통적인 생활 양식

지역	의복	음식	가옥 형태
열대 기후 지역	화려한 색상과 무늬의 옷	카사바, 얌 등의 작물을 이용한 음식	지붕의 경사가 급하고 개방적인 가옥
건조 기후 지역	얇은 천으로 온몸을 감싸는 옷	오아시스 주변에서 재배한 대추야자나 밀을 이용한 음식	벽이 두껍고 창문이 작은 흙집

2 아프리카의 다양한 종교

북부 아프리카	서남아시아에서 전파된 이슬람교의 영향으로 이슬람교도가 많음
중·남부 아프리카	토속 종교와 함께 유럽의 식민지배로 전파된 크리스트교가 주를 이루고 있음

대서양
인도양
0°

■ 이슬람교
■ 크리스트교
□ 토속 종교
(디르케 세계 지도, 2023)

▲ 아프리카의 종교 분포

바로학습 ① 아프리카의 종교 파악하기　　　▶ 정답과 해설 11쪽

아프리카 종교 분포를 나타낸 지도를 보고 ㉠, ㉡에 들어갈 알맞은 말을 써 보세요.

북부 아프리카는 ㉠□□□□가, 중·남부 아프리카는 토속 종교와 함께 ㉡□□□□□가 주를 이루고 있어!

㉠ _____　　　㉡ _____

3 아프리카 문화의 영향

미술	음악	패션
아프리카의 미술은 일정한 형태나 형식이 없음 ➡ 20세기 추상 미술에 영향을 줌	특유의 리듬감과 동적인 특징을 지님 ➡ 삼바와 힙합, 재즈 등 대중음악에 영향을 줌	화려한 색과 기하학적인 모양 ➡ 오늘날 패션, 공예품 등의 디자인 요소로 활용됨

▲ 아프리카의 전통 가면(좌)과 피카소의 그림(우)　▲ 아프리카 음악의 영향을 받은 재즈　▲ 케냐 마사이족의 전통 의복인 슈카

2 아프리카의 지역 잠재력

 핵심 point 아프리카는 빠르게 증가하는 인구와 풍부한 자원이 매장되어 있어 지역 잠재력이 뛰어나요.

1 아프리카의 인구 잠재력

빠르게 증가하는 인구	풍부한 경제활동 인구

빠르게 증가하는 인구

(억 명)
50
40 — 39
35
30 — 29
21
20 —
13
10 —
0
2020 2040 2060 2080 2100(년)
(국제 연합, 2023)

▲ 아프리카의 인구 추정치

아프리카는 아시아 다음으로 인구가 많은 대륙이며, 세계에서 인구가 가장 빠르게 증가하고 있음

풍부한 경제활동 인구

▲ 세계 대륙별 중위 연령

* 단위: 세
(국제 연합, 2023)

- 한 국가의 인구를 일렬로 세웠을 때 가운데 서 있는 사람의 나이인 중위 연령이 낮음
- 경제활동을 하는 청장년층 인구의 비중이 커 '세계에서 가장 젊은 대륙'으로 불림

2 아프리카의 풍부한 자원

풍부한 천연자원		상품 작물 재배	신·재생 에너지 공급처

중·남부 아프리카에는 구리, 금, 다이아몬드, 코발트 등 광물 자원이 풍부함

리비아, 알제리, 나이지리아, 앙골라 등의 국가는 석유 생산량이 많음

커피, 고무, 카카오, 바나나 등 상품 작물의 재배가 활발하게 이루어지고 있음

일조량이 많아 태양광 발전에 유리하고, 대하천의 수력 자원이 풍부함

바로학습 ② 아프리카의 지역 잠재력 살펴보기

▶ 정답과 해설 11쪽

아프리카 자원에 대한 설명과 초성을 참고하여 ㉠~㉣에 해당하는 국가의 이름을 써 보세요.

㉠ ㄴㅇㅈㄹㅇ	㉢ ㅇㅌㅇㅍㅇ
아프리카에서 석유 생산량이 1위이다.	전체 인구의 약 69%가 30세 미만이다.

㉡ ㅂㅊㅇㄴ	㉣ ㄴㅇㅍㄹㅋ ㄱㅎㄱ
다이아몬드 생산량이 세계 2위이다.	아프리카에서 석탄 생산량이 1위이다.

㉠ _____
㉡ _____
㉢ _____
㉣ _____

탄탄 문제

01 다음 설명의 알맞은 말에 ○표 하시오.

> 아프리카의 (열대 / 온대 / 건조) 기후 지역에서는 화려한 색상과 무늬의 의복이 발달했다. 또한 카사바, 얌 등의 작물을 이용한 음식이 발달했다.

02 아프리카의 종교와 그 특징을 바르게 연결하시오.

(1) 이슬람교   •   • ㄱ. 유럽의 식민 지배로 전파

(2) 토속 종교   •   • ㄴ. 아프리카 원주민 중심

(3) 크리스트교 •   • ㄷ. 서남아시아에서 전파

03 초성을 참고하여 빈칸에 들어갈 알맞은 단어를 쓰시오.

> 타악기를 많이 사용하고 동적인 특징을 지닌 아프리카의 음악은 ㅅ ㅂ 과/와 힙합, 재즈 등의 현대 대중음악에 영향을 주었다.

04 다음 설명이 맞으면 ○표, 틀리면 ×표 하시오.

(1) 아프리카는 자원이 부족해 석유, 금, 다이아몬드 등의 자원을 수입에 의존한다.   (   )

(2) 아프리카는 빠른 인구 성장으로 소비 시장의 잠재력이 높은 대륙이다.   (   )

05 다음 설명의 알맞은 말에 ○표 하시오.

> 나일강의 풍부한 (수력 / 풍력 / 조력) 에너지는 기후변화에 대응하는 지속가능한 에너지 공급을 가능하게 할 것이다.

쑥쑥 문제

01 지도의 (가)~(다)에 해당하는 종교를 바르게 연결한 것은?

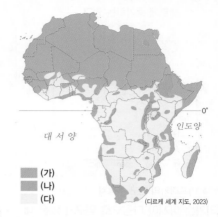

(디르케 세계 지도, 2023)

	(가)	(나)	(다)
①	불교	토속 종교	이슬람교
②	불교	크리스트교	이슬람교
③	이슬람교	크리스트교	토속 종교
④	토속 종교	불교	크리스트교
⑤	크리스트교	이슬람교	토속 종교

02 아프리카 문화에 대한 설명으로 가장 적절한 것은?

① 20세기 추상 미술에 영향을 주었다.
② 동적인 연주보다 정적인 연주를 선호한다.
③ 단순한 색을 활용한 패션이 발달되어 있다.
④ 형태와 형식을 완벽하게 갖춘 것이 특징이다.
⑤ 힙합과 재즈 등 현대 대중음악과는 거리가 멀다.

03 다음 글의 빈칸에 공통으로 들어갈 말로 옳은 것은?

> 미국 뉴올리언스에서 발생한 (   )은/는 즉흥적이고 다양한 리듬이 특징이다. 이는 과거 뉴올리언스로 강제 이주된 아프리카 사람들이 전파한 음악과 현지의 음악이 결합하여 (   )이/가 탄생한 것이다.

① 재즈   ② 팝송   ③ 발라드
④ 클래식   ⑤ 포크 음악

04 다음 글과 관련된 종교로 옳은 것은?

건조 기후가 나타나는 북부 아프리카의 말리에는 주변에서 구하기 쉬운 진흙으로 지은 사원을 볼 수 있다.

① 불교 ② 힌두교 ③ 토속 신앙
④ 이슬람교 ⑤ 크리스트교

05 아프리카의 지역 잠재력에 대한 설명으로 옳지 <u>않은</u> 것은?

① 커피, 카카오 등 상품 작물의 재배가 활발하다.
② 보츠와나는 다이아몬드 생산량이 많은 국가이다.
③ 나이지리아는 아프리카에서 석유 생산량이 가장 많다.
④ 중·남부 아프리카에 구리, 금 등 광물 자원이 풍부하다.
⑤ 아프리카는 중위 연령이 전 세계에서 가장 높은 대륙이다.

06 (가), (나) 지역에서 풍부한 신·재생 에너지 자원을 바르게 연결한 것은?

(가) 나일강, 콩고강, 잠베지강
(나) 사하라 사막, 칼라하리 사막

	<u>(가)</u>	<u>(나)</u>
①	풍력 에너지	수력 에너지
②	수력 에너지	풍력 에너지
③	수력 에너지	태양 에너지
④	태양 에너지	풍력 에너지
⑤	조력 에너지	수력 에너지

07 다음 자료와 관련된 학습 주제로 적절한 것은?

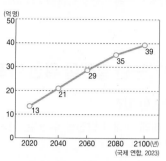

▲ 아프리카의 인구 추정치

① 아프리카의 저출산 문제
② 아프리카의 자원 매장량
③ 아프리카의 더딘 경제 발전
④ 아프리카의 불안한 정치 상황
⑤ 아프리카의 높은 인구 잠재력

서술형

08 다음 지도를 통해 알 수 있는 아프리카의 인구 특징을 제시어를 이용하여 서술하시오.

▲ 세계 대륙별 중위 연령

제시어

경제활동 인구, 인구 잠재력

03 아프리카의 지속가능한 발전

우리의 약속 🖐 회색으로 써진 글씨는 따라 쓰고, 색이 칠해진 부분을 형광펜으로 줄을 치며 꼼꼼히 읽어보세요.

1 지속가능한 발전을 위한 아프리카의 노력 핵심 point 지속가능한 발전의 의미를 잘 기억해 두세요!

1 지속가능한 발전

(1) **의미** 미래 세대가 발전할 수 있는 가능성을 파괴하지 않으면서 오늘날 사람들이 더 나은 삶을 살아갈 수 있도록 하는 발전

(2) **내용**

사회	경제	환경

모든 사람들의 평등하고 행복한 삶을 추구함	환경을 고려하면서 지속적으로 발전할 수 있는 경제 개발을 함	현재 세대와 미래 세대 모두 쾌적하게 살 수 있는 환경을 만듦

1 빈곤 퇴치　2 기아 종식　3 건강과 웰빙　4 양질의 교육　5 성 평등　6 깨끗한 물과 위생

국제 연합(UN)은 2015년에 17가지의 '지속가능 발전 목표(SDGs)'를 발표했어. 2030년까지 이 목표를 달성하기 위해 전 세계가 함께 노력하고 있지.

7 적정 가격의 깨끗한 에너지　8 양질의 일자리와 경제 성장　9 산업, 혁신, 사회 기반 시설　10 불평등 감소　11 지속가능한 도시와 지역 사회　12 책임 있는 소비와 생산

아프리카는 여전히 정치적 불안정, 빈곤과 기아 등의 문제가 나타나는 국가가 많아. 따라서 전 지구적 차원에서 지속가능한 발전을 이루기 위한 아프리카의 역할이 매우 중요해.

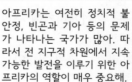 

13 기후 행동　14 수생태계 보전　15 육상 생태계 보전　16 평화, 정의, 강력한 제도　17 목표 달성을 위한 파트너십

SUSTAINABLE DEVELOPMENT GOALS

▲ 국제 연합(UN)에서 발표한 '지속가능 발전 목표(SDGs)'

2 지속가능한 발전을 위한 아프리카의 노력

보츠와나	나이지리아	르완다	아프리카 연합(AU)

다이아몬드 자원 개발로 얻은 이익으로 생활 기반 시설을 구축하고 국민의 건강·교육 부분에 투자하고 있음	석유 중심의 산업 구조에서 벗어나기 위해 '놀리우드'라 불리는 영화 산업 등 산업 다각화를 추진하고 있음	오랜 내전을 겪은 르완다는 수도 키갈리를 중심으로 정보 통신 기술 산업의 중심지로 발돋움하고 있음	아프리카 국가들은 '아프리카 연합(AU)'을 설립하여 경제 발전과 생활 수준 향상 등을 위해 협력하고 있음

2 아프리카의 지속가능한 발전을 위한 세계의 협력

1 세계 차원의 협력

K-라이스 벨트 사업	우리나라가 식량난을 겪고 있는 아프리카 8개국에 쌀 품종 개발 및 보급, 기술 교육 등을 종합적으로 지원하는 사업
국제 연합(UN)	산하에 여러 기구를 두어 식량 보급 및 난민 지원 등의 활동을 하고 있음
비정부 기구(NGO)	• 시민 단체 중심으로 설립 • 빈곤 퇴치(옥스팜), 환경 보호 운동(그린피스), 의료 지원 서비스 제공(국경 없는 의사회) 등의 활동을 함

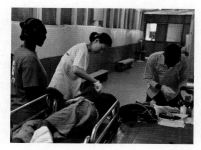

▲ 국경 없는 의사회

2 세계시민으로서의 참여

세계시민	• 지구촌 문제가 우리의 문제임을 알고 이를 해결하기 위해 협력하는 자세를 지닌 사람 • 전 세계의 평화와 발전을 생각하며 지구촌의 일원으로서 책임감을 가진 사람

세계시민으로서의 참여 방법	 아프리카에서 나타나는 여러 문제 상황에 관심을 가지고 세계시민으로서의 책임감을 가짐

 기부나 봉사를 통해 빈곤과 기아 등 어려움에 처한 사람들을 돕는 일에 적극적으로 참여함

▲ 공정 무역 마크

• 지역 주민에게 정당한 가격을 지불하고 생산한 공정 무역 제품을 구매함
• 공정 무역 제품 구매는 생산 지역의 빈곤과 기아를 해결하고, 생산자들이 자립할 수 있는 힘을 기르는데 도움이 됨

바로학습 ① 지속가능한 발전을 위한 아프리카와 세계의 노력 알아보기

▷ 정답과 해설 12쪽

(1) 인터넷 검색창에 입력한 검색어는 무엇인지 써 보세요.

2002년에 출범한 아프리카의 대표적인 협력 기구로, 아프리카 국가들의 정부 간 연합체이다. 이 기구의 깃발에서 아프리카를 둘러싼 55개의 별은 아프리카 연합에 가입한 55개국을 의미한다.

검색어 _____

(2) 다음 자료의 빈칸에 들어갈 알맞은 말을 써 보세요.

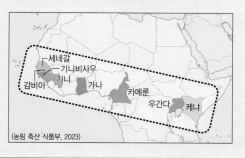

(농림 축산 식품부, 2023)

위 지도는 우리나라가 아프리카 8개 국가의 쌀 생산의 기반 마련을 위해 실시하고 있는 (　　　) 사업이다. 쌀 재배를 통해 많은 인구를 부양할 수 있도록 우리나라가 적극적으로 돕고 있다.

탄탄 문제

01 다음 설명이 맞으면 ○표, 틀리면 ✕표 하시오.

(1) 아프리카 국가들은 다양한 측면에서 지속가능한 발전을 위해 노력하고 있다. ( )

(2) 아프리카 연합은 아프리카 국가들의 경제 발전과 협력을 위해 설립되었다. ( )

(3) 르완다는 오랜 내전으로 인해 현재까지 발전에 어려움을 겪고 있다. ( )

02 비정부 기구의 명칭과 역할을 바르게 연결하시오.

(1) 옥스팜 • • ㄱ. 빈곤 퇴치

(2) 그린피스 • • ㄴ. 의료 지원

(3) 국경 없는 의사회 • • ㄷ. 환경 보호

03 초성을 참고하여 빈칸에 들어갈 알맞은 단어를 쓰시오.

> 소비자가 생산자에게 정당한 가격을 지급하여 노동력 착취, 인권 침해, 환경 파괴 등을 막아 생산자와 소비자는 물론, 환경에도 이로운 무역 방식을 ㄱ ㅈ ㅁ ㅇ (이)라고 한다.

04 다음 설명의 알맞은 말에 ○표 하시오.

> 세계의 다양한 주체들은 아프리카의 지속가능한 발전을 위해 노력하고 있다. (국제 연합 / 비정부 기구)은/는 산하에 여러 기구를 두어 식량 보급 및 난민 지원 등의 활동을 하고 있다. 또한 지속가능 발전 목표를 세워 전 지구적 차원의 노력을 이끌어 내고 있다.

쏙쏙 문제

01 지속가능한 발전에 대한 설명으로 옳지 <u>않은</u> 것은?

① 한정된 자원을 효율적으로 이용한다.
② 환경을 고려하면서 경제 개발을 한다.
③ 모든 사람의 평등하고 행복한 삶을 추구한다.
④ 국제 연합에서는 17개의 지속가능 발전 목표를 발표했다.
⑤ 미래 세대보다는 현재 세대의 더 나은 삶을 중요시한다.

02 다음 글의 ㉠과 관련된 목표로 거리가 먼 것은?

> (㉠)(이)란 미래 세대가 발전할 수 있는 가능성을 파괴하지 않으면서 오늘날 사람들이 더 나은 삶을 살아갈 수 있도록 하는 발전을 말한다.

① 성 평등
② 기후 행동
③ 빈곤 퇴치
④ 불평등 감소
⑤ 급속한 경제 개발

03 지속가능한 발전을 위한 아프리카의 노력 사례로 옳은 내용을 보기 에서 모두 고른 것은?

> **보기**
>
> ㄱ. 아프리카 국가들은 국제 연합(UN)을 설립하였다.
> ㄴ. 보츠와나는 자원 개발로 얻은 수익을 국민 복지에 투자하고 있다.
> ㄷ. 나이지리아는 '놀리우드'라고 불리는 영화 산업 등을 통해 산업 다각화를 꾀하고 있다.

① ㄱ ② ㄴ ③ ㄷ
④ ㄱ, ㄴ ⑤ ㄴ, ㄷ

04 다음 마크에 대한 설명으로 옳지 <u>않은</u> 것은?

① 현지 경제에 도움이 된다.
② 공정 무역 제품에 표시된다.
③ 장기적으로 환경에도 이롭다.
④ 초국적 기업의 제품과 관련이 있다.
⑤ 아프리카의 지속가능한 발전에 도움이 된다.

05 다음 글의 ㉠~㉣ 중 옳은 내용을 모두 고른 것은?

> 아프리카는 ㉠ 세계적으로 경제 수준이 높지만 ㉡ 빈곤과 기아 등 해결해야 할 과제가 많다. 지속가능한 발전을 위해 아프리카의 여러 국가는 다양한 노력을 하고 있다. ㉢ 아프리카 연합(AU)을 설립하였으며, ㉣ 석유 수출에 대한 의존도를 높이기도 한다.

① ㉠, ㉡   ② ㉠, ㉢   ③ ㉡, ㉢
④ ㉡, ㉣   ⑤ ㉢, ㉣

06 아프리카의 지속가능한 발전을 위해 개인이 할 수 있는 노력으로 옳지 <u>않은</u> 것은?

① 공정 무역 제품을 구매한다.
② 국제기구를 설립하여 자금을 지원한다.
③ 아프리카의 지역 문제에 관심을 갖는다.
④ 빈곤과 기아 문제 해결을 위한 기부에 참여한다.
⑤ 어려움을 겪는 나라에 방문하여 봉사 활동에 참여한다.

도전!!

07 다음 글의 밑줄 친 이 기구로 옳은 것은?

> 세계의 다양한 주체들은 아프리카의 지속가능한 발전을 위해 노력하고 있다. 이 기구는 전쟁, 재해, 전염병 등으로 고통받는 사람들에게 차별 없이 의료 지원 활동을 한다.

① 옥스팜
② 그린피스
③ 국제 연합
④ 아프리카 연합
⑤ 국경 없는 의사회

서술형

08 다음 글을 읽고 물음에 답하시오.

> (㉠)한 발전은 현재 세대뿐만 아니라 미래 세대의 환경과 발전을 고려하여 책임감 있게 행동할 때 이루어질 수 있다.

(1) ㉠에 들어갈 알맞은 말을 쓰시오.

(   )

(2) 위 자료와 관련한 아프리카의 노력을 한 가지만 쓰시오.

_____

_____

01 (가), (나)에 해당하는 국가를 바르게 연결한 것은?

> (가) 수도인 카이로는 지중해 연안에 있으며, 나일 강을 중심으로 큰 도시가 발달해 있다.
> (나) 아프리카에서 인구가 가장 많은 국가로, 대표적인 도시로는 항구 도시인 라고스가 있다.

	(가)	(나)
①	케냐	남아프리카 공화국
②	이집트	나이지리아
③	이집트	남아프리카 공화국
④	소말리아	나이지리아
⑤	소말리아	남아프리카 공화국

02 아프리카의 지리적 범위에 대한 설명으로 옳지 않은 것은?

① 소말리아는 아프리카의 뿔에 속해 있다.
② 아프리카는 지중해를 사이에 두고 유럽과 마주하고 있다.
③ 아프리카 대륙 가장 남쪽에는 남아프리카 공화국이 있다.
④ 아프리카는 나일강을 기준으로 북부 아프리카와 중·남부 아프리카로 구분된다.
⑤ 아프리카 서쪽으로 대서양, 동쪽으로는 인도양, 북쪽으로는 지중해를 접하고 있다.

03 다음 중 아프리카 대륙에 속하지 않는 국가는?

① 세네갈　　　　② 소말리아
③ 탄자니아　　　　④ 파키스탄
⑤ 마다가스카르

04 (가), (나)와 같은 체험을 할 수 있는 여행지를 지도의 A~C에서 찾아 각각 기호로 쓰시오.

> (가) 야생 동물을 가까이에서 관찰할 수 있는 사파리 관람을 하고 싶다.
> (나) 세계적으로 유명한 대사막에서 모래언덕 정상에 올라 샌드 보드를 타며 시원하게 질주하고 싶다.

(가) _____ , (나) _____

05 다음 글의 빈칸 ㉠, ㉡에 들어갈 말을 바르게 연결한 것은?

> • (㉠): 이집트 문명의 발상지로 적도에서 발원해 지중해로 흘러 들어가는 강
> • (㉡): 아프리카에서 가장 높은 산으로 적도 부근에 위치하였지만 해발 고도가 높아 꼭대기에는 눈이 덮여 있음

	㉠	㉡
①	나일강	에베레스트산
②	나일강	킬리만자로산
③	콩고강	킬리만자로산
④	아마존강	에베레스트산
⑤	아마존강	킬리만자로산

06 빈칸에 공통으로 들어갈 말을 쓰시오.

> 아프리카의 적도 부근 지역은 (　　　　) 기후가 나타난다. (　　　　) 기후는 일 년 내내 비가 많이 내리는 지역과 건기와 우기가 뚜렷한 지역으로 구분할 수 있다.

07 아프리카의 생활양식과 종교에 대한 설명으로 옳은 것은?

① 중·남부 아프리카는 토속 종교와 함께 이슬람교를 주로 믿는다.
② 건조 기후 지역에서는 벽이 두껍고 창문이 작은 흙집을 볼 수 있다.
③ 북부 아프리카는 서남아시아에서 전파된 크리스트교를 주로 믿는다.
④ 건조 기후의 오아시스 주변에서는 카사바나 얌을 이용한 음식을 먹는다.
⑤ 적도 주변의 열대 기후 지역에서 얇은 천으로 온몸을 감싸는 옷을 입는다.

08 다음 탐구 주제에 따른 조사 내용으로 옳지 <u>않은</u> 것은?

> **＜탐구 주제: 아프리카 예술 문화의 고유성＞**
>
> 1) 아프리카의 음악 세계
> • 곡의 전개가 정적이고 차분함을 선호 ·············· ㉠
> • 주로 타악기를 사용하여 리듬감을 살림 ·········· ㉡
> 2) 아프리카 미술 작품 표현 방식
> • 일정한 형식이나 형태에 구애받지 않음 ·········· ㉢
> 3) 아프리카의 독창적인 패션 문화
> • 기하학적인 패턴을 개성적으로 활용 ·············· ㉣
> • 화려하고 눈에 잘 띄는 색상 위주로 사용 ········· ㉤

① ㉠   ② ㉡   ③ ㉢   ④ ㉣   ⑤ ㉤

09 아프리카의 자원에 대한 옳은 설명을 보기 에서 고른 것은?

> **보기**
>
> ㄱ. 콩고강과 잠베지강 일대는 수력 에너지 자원이 풍부하다.
> ㄴ. 사하라 사막과 칼라하리 사막 일대는 태양 에너지 자원이 풍부하다.
> ㄷ. 적도 부근의 지역에서는 고무, 카카오와 같은 자급자족을 위한 작물을 재배한다.
> ㄹ. 아프리카 대륙은 금, 다이아몬드, 구리 등의 광물 자원이 부족해 전량 수입에 의존한다.

① ㄱ, ㄴ   ② ㄱ, ㄷ   ③ ㄴ, ㄷ
④ ㄴ, ㄹ   ⑤ ㄷ, ㄹ

10 다음 글과 관련된 탐구 주제로 가장 적절한 것은?

> 아프리카 최대 석유 생산국인 나이지리아는 자원 중심의 산업 구조에서 탈피하고 산업 다각화를 위해 노력하고 있다. '놀리우드(Nollywood)'라 불리는 나이지리아의 영화 산업은 지역에 많은 일자리를 창출하고 있다.

① 국제 연합의 역할과 필요성
② 빈곤과 기아 문제로 고통받는 국가
③ 지속가능한 발전을 위한 아프리카의 노력
④ 아프리카의 발전을 위한 비정부 기구의 노력
⑤ 세계시민으로서 아프리카 대륙의 발전을 위한 참여 방안

11 아프리카의 지속가능한 발전을 위한 노력으로 옳은 것은?

① 화석 연료의 사용을 늘린다.
② 산업 구조를 단순하게 변화시킨다.
③ 지속가능발전 목표(SDGs) 달성을 위해 노력한다.
④ 경제 양극화가 강화되는 방향으로 정책을 수립한다.
⑤ 미래 세대의 욕구보다 현재 세대의 욕구를 우선시한다.

주관식
12 빈칸에 들어갈 알맞은 말을 쓰시오.

> • 성장과 가능성, 개발 도상국 생산자들의 삶의 의지를 의미하는 마크임
> • 소비자가 생산자에게 정당한 가격을 지급하여 생산자에게 건강한 노동 환경을 제공하는 (   )을/를 상징함
>
> 오늘은 특별한 마크에 대해 설명하겠습니다.

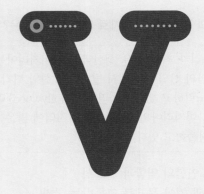

V

아메리카

아메리카 파헤치기

아메리카 백지도의 ❶~⓬에 해당하는 주요 국가와 도시의 이름을 알맞게 써 보세요.
➡ 빈칸을 모두 채울 수 없다면, 세계 지도 워크북에서 학습하길 바라요!

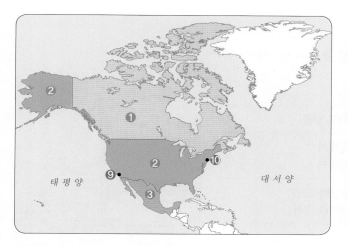

번호	국가명	번호	국가명	번호	도시명
❶		❺		❾	
❷		❻		❿	
❸		❼		⓫	
❹		❽		⓬	

정답 ❶ 캐나다 ❷ 미국 ❸ 멕시코 ❹ 콜롬비아 ❺ 페루 ❻ 브라질 ❼ 칠레 ❽ 아르헨티나 ❾ 로스엔젤레스 ❿ 뉴욕 ⓫ 보고타 ⓬ 부에노스아이레스

〈Ⅴ. 아메리카〉 단원을 학습하기 위해 꼭 알아야 할 단어입니다. 다음 물음에 답해 보세요.

(1) 다음 글에 해당하는 단어를 글자 박스 에서 찾아 써 보세요.

① 큰 육지 사이를 잇는 좁고 잘록한 땅을 말한다.　　　（　　　　　　）

② 에스파냐어를 사용하는 라틴 아메리카 출신의 이주민과 후손을 가리킨다.
　　　　　　　　　　　　　　　　　　　　　　（　　　　　　）

글자 박스

스	협	메	아
히	리	닉	지
마	패	랜	카

(2) 초성을 참고하여 빈칸에 들어갈 알맞은 단어를 써 보세요.

① [ㅅ][ㄱ] [ㅁㅇ] [ㄱㄱ](WTO)은/는 국제 무역 규범을 감독하고 무역 분쟁을 해결하며, 회원국 간의 무역을 촉진하기 위해 설립된 국제기구이다.

② 회사 사이에 지배와 종속의 관계가 있는 경우, 지배하는 회사를 모회사라고 하고, 지배받고 있는 회사를 [ㅈ][ㅎ][ㅅ](이)라고 한다.

정답 (1) ① 지협 ② 히스패닉 (2) ① 세계 무역 기구 ② 자회사

아메리카의 위치와 자연환경

우리의 약속 회색으로 써진 글씨는 따라 쓰고, 색이 칠해진 부분을 형광펜으로 줄을 치며 꼼꼼히 읽어보세요.

1 아메리카의 위치 6학년 | 2학기 1단원 연계

 핵심 point 아메리카는 기준에 따라 지역 구분이 달라져요.

1 아메리카의 지리적 범위

위치		서쪽으로는 태평양, 동쪽으로는 대서양을 접하고 있음
지역 구분	지리적 구분	파나마 지협 기준 ─ 북아메리카 / 남아메리카
	문화적 구분	리오그란데강 기준 ─ 앵글로아메리카 / 라틴 아메리카

2 아메리카의 국가와 주요 도시

(1) 아메리카의 국가

북아메리카	미국, 캐나다, 멕시코, 파나마, 쿠바 등
남아메리카	브라질, 아르헨티나, 콜롬비아, 에콰도르, 페루 등

(2) 아메리카의 주요 도시

뉴욕	로스앤젤레스	리우데자네이루	키토

미국 동부에 위치하며, 세계적인 중심지 역할을 함	미국 서부에 위치하며, 영화 산업을 이끄는 할리우드가 있음	브라질 남동부의 해안 도시로 매년 리우 카니발이 열림	에콰도르의 수도이자 안데스 산지에 위치한 고산 도시임

바로학습 1 아메리카의 지역 구분하기 〉 정답과 해설 14쪽

지리적, 문화적 기준에 따라 아메리카 대륙을 구분한 지도입니다. 빈칸에 들어갈 알맞은 말을 적어 보세요.

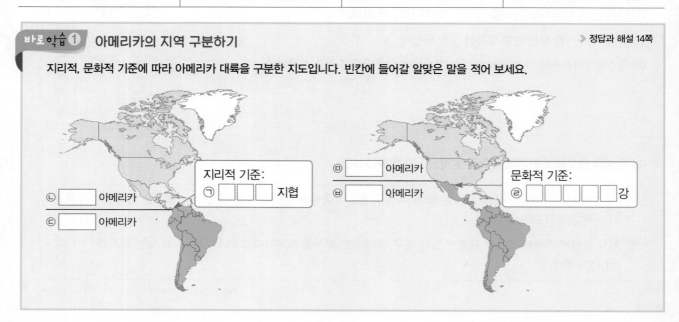

2 아메리카의 자연환경 6학년 | 2학기 | 1단원 연계

1 아메리카의 주요 지형

(1) 주요 산지와 하천

구분	북아메리카	남아메리카
산지	(중서부) 로키산맥, (동부) 애팔래치아산맥	(서부) 안데스산맥
하천	(미국 중앙부) 미시시피강	(내륙 저지대) 아마존강

(2) 다양한 지형의 특징

로키산맥
해발 고도가 높고 험준하며 다양한 화산 지형과 빙하 지형 등이 나타남

안데스산맥
형성 시기가 오래되지 않아 높고 험준하며, 화산과 지진이 자주 발생함

나이아가라 폭포
세계 3대 폭포 중 하나로 미국과 캐나다의 국경에 걸쳐 있음

아마존강
세계에서 가장 넓은 지역을 흐르는 강으로, 세계 최대의 열대 우림이 있음

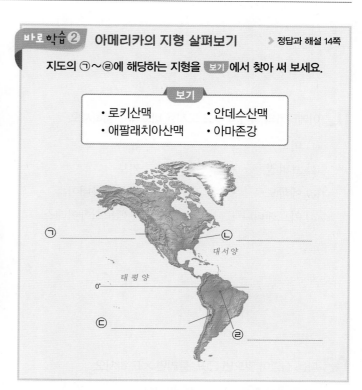

바로학습 ② **아메리카의 지형 살펴보기** ▶ 정답과 해설 14쪽

지도의 ㉠~㉣에 해당하는 지형을 보기 에서 찾아 써 보세요.

보기
• 로키산맥　　　• 안데스산맥
• 애팔래치아산맥　• 아마존강

2 아메리카의 기후

(1) **위도에 따른 기후 분포** 아메리카는 북반구와 남반구에 걸쳐 있어 위도에 따라 다양한 기후가 나타남

(2) **해발 고도에 따른 기후 분포** 적도 주변의 안데스산맥 지역은 해발 고도가 높아 연중 날씨가 온화한 고산 기후가 나타남
→ 페루의 쿠스코, 콜롬비아의 보고타, 볼리비아의 라파스 등

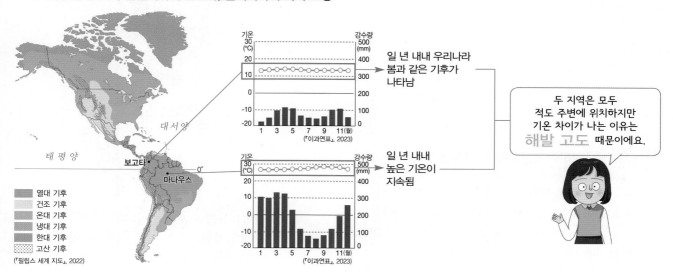

일 년 내내 우리나라 봄과 같은 기후가 나타남

일 년 내내 높은 기온이 지속됨

두 지역은 모두 적도 주변에 위치하지만 기온 차이가 나는 이유는 해발 고도 때문이에요.

열대 기후
건조 기후
온대 기후
냉대 기후
한대 기후
고산 기후

(『필립스 세계 지도』, 2022)
(『이과연표』, 2023)

01 다음 설명의 알맞은 말에 ○표 하시오.

> 아메리카 대륙을 앵글로아메리카와 라틴 아메리카로 구분하는 기준은 (아마존강 / 미시시피강 / 리오그란데강)이다.

02 아메리카의 국가와 주요 도시를 바르게 연결하시오.

(1) 미국 •　　　　• ㄱ. 뉴욕

(2) 브라질 •　　　　• ㄴ. 키토

(3) 에콰도르 •　　　　• ㄷ. 리우데자네이루

(4) 아르헨티나 •　　　• ㄹ. 부에노스아이레스

03 다음 설명이 맞으면 ○표, 틀리면 ✕표 하시오.

(1) 로키산맥은 미국 동부에 있다. (　　)

(2) 아마존강 유역에는 세계 최대의 열대 우림이 형성되어 있다. (　　)

(3) 안데스산맥에서는 지진과 화산 활동이 자주 일어난다. (　　)

04 초성을 참고하여 빈칸에 들어갈 알맞은 단어를 쓰시오.

> 적도 주변 안데스 산지의 해발 고도 2,000～4,000m 지역에는 연중 온화한 날씨가 나타나 ㄱ ㅅ ㄷ ㅅ 이/가 발달해 있다. 콜롬비아의 보고타가 대표적이다.

01 다음 지도의 대륙에 속한 국가로 옳지 <u>않은</u> 것은?

① 페루　　　　② 캐나다　　　③ 콜롬비아

④ 브라질　　　⑤ 볼리비아

02 아메리카의 국가와 주요 도시가 바르게 연결된 것은?

① 볼리비아 – 보고타

② 에콰도르 – 라파스

③ 아르헨티나 – 뉴욕

④ 미국 – 로스앤젤레스

⑤ 우루과이 – 부에노스아이레스

03 다음 지도와 같이 아메리카 대륙을 구분할 때, 구분 기준으로 옳은 것은?

① 안데스산맥　　　　② 미시시피강

③ 파나마 지협　　　　④ 리오그란데강

⑤ 나이아가라 폭포

04 (가), (나)에 해당하는 하천을 바르게 연결한 것은?

> (가) 미국 중앙부의 넓은 평원을 따라 흐르며 남쪽으로 흘러가는 하천이다.
> (나) 남아메리카 중앙부의 저지대를 따라 흐르는 하천으로 이 하천의 유역에는 세계 최대의 열대 우림이 있다.

	(가)	(나)
①	나일강	아마존강
②	미시시피강	아마존강
③	미시시피강	리오그란데강
④	리오그란데강	나일강
⑤	리오그란데강	미시시피강

05 다음 중 아메리카 대륙에 있는 지형으로 옳지 않은 것은?

① 로키산맥   ② 아마존강
③ 미시시피강   ④ 안데스산맥
⑤ 빅토리아 폭포

도전!!

06 다음 퀴즈의 A에 들어갈 말로 옳은 것은?

순번	학생 질문	교사 응답
1	아메리카에 있는 산맥인가요?	○
2	미국에 있는 산맥인가요?	×
3	해발 고도가 높고 험준한가요?	○

⬇

학생: 정답은 (A)입니다.

⬇

교사: 정답입니다.

① 로키산맥   ② 안데스산맥
③ 알프스산맥   ④ 아틀라스산맥
⑤ 애팔래치아산맥

07 다음은 아메리카의 적도 부근에 위치한 두 지역의 기후 그래프이다. (가) 지역의 기온이 (나) 지역보다 낮게 나타나는 이유로 옳은 것은?

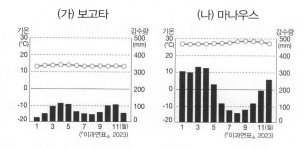

(가) 보고타   (나) 마나우스

① 저지대에 있기 때문이다.
② 강수량이 많기 때문이다.
③ 해발 고도가 높기 때문이다.
④ 냉대 기후 지역이기 때문이다.
⑤ 초원이 넓게 발달했기 때문이다.

08 다음 글의 빈칸에 들어갈 기후로 옳은 것은?

> 아메리카는 위도에 따라 다양한 기후가 나타난다. 적도를 중심으로는 ( )가 넓게 나타나는데, 적도가 지나는 아마존강 유역에는 세계 최대의 열대 우림이 있다.

① 열대 기후   ② 온대 기후   ③ 건조 기후
④ 한대 기후   ⑤ 고산 기후

서술형

09 다음 글을 읽고 물음에 답하시오.

페루의 쿠스코는 적도 부근 안데스산맥의 고지대에 있어 (열대 기후 / 고산 기후)가 나타나며, 오랜 역사를 지닌 도시이다.

(1) 빈칸에 들어갈 알맞은 말에 ○표 하시오.

(2) 위 지역에서 나타나는 기후의 특징을 대해 서술하시오.

_____

_____

아메리카의 인구 구성과 문화

우리의 약속 ✋ 회색으로 써진 글씨는 따라 쓰고, 색이 칠해진 부분을 형광펜으로 줄을 치며 꼼꼼히 읽어보세요.

1 아메리카의 다양한 민족(인종)

핵심 point 앵글로아메리카와 라틴 아메리카의 민족(인종) 구성을 구분할 수 있어야 해요.

앵글로 아메리카	미국	• 아메리카 원주민이 살던 지역에 종교적, 경제적 이유로 유럽인들이 이주함 • 유럽인들은 부족한 노동력을 충당하기 위해 아프리카인을 강제 이주시킴 • 최근 일자리를 찾아 히스패닉, 아시아계 이주민이 증가하고 있음
	캐나다	퀘백주는 과거 프랑스 지배의 영향으로 프랑스계 주민 비율이 높음
라틴 아메리카	원주민	주로 안데스 산지에 위치한 페루와 볼리비아에 분포
	유럽계	온대 기후가 나타나는 우루과이와 아르헨티나에 주로 분포
	아프리카계	대규모 농장이 발달한 브라질, 카리브해 연안의 자메이카 등에 분포
	혼혈인	원주민과 유럽계의 혼혈로 라틴 아메리카의 전역에 거주

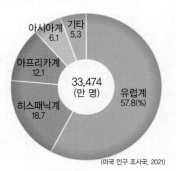

▲ 미국의 민족(인종) 구성

아메리카는 식민 지배와 이민자 유입의 영향으로 민족(인종)이 다양하게 나타나요.

바로학습 1 아메리카의 인구 구성 파악하기

▷ 정답과 해설 14쪽

라틴 아메리카의 인구 구성을 나타낸 지도를 보고 민족(인종)별로 비율이 높은 국가를 각각 2곳씩 써 보세요.

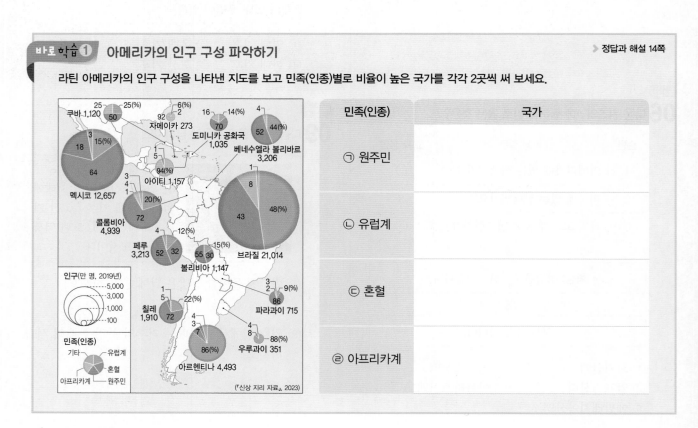

민족(인종)	국가
㉠ 원주민	
㉡ 유럽계	
㉢ 혼혈	
㉣ 아프리카계	

2 다양한 문화가 융합된 아메리카

 핵심 point 앵글로아메리카와 라틴 아메리카에 각각 어떤 문화가 나타나는지 살펴보세요.

1 아메리카 문화의 특징

(1) 문화 혼종성의 배경

서로 다른 배경을 가진 민족(인종)들이 아메리카로 이주함

⬇

자신의 문화를 유지하거나 다른 문화와 공존하고, 서로의 문화에 영향을 줌

⬇

서로 다른 문화가 섞여 여러 정체성을 지닌 새로운 문화가 만들어짐

(2) 언어와 종교의 특징

앵글로 아메리카	영향	영국의 영향을 많이 받음
	언어	• 대부분 영어를 사용함 • 캐나다의 퀘벡주는 프랑스어를 사용함
	종교	주로 개신교를 믿음
라틴 아메리카	영향	남부 유럽의 영향을 많이 받음
	언어	• 대부분 에스파냐어를 사용함 • 브라질은 포르투갈어를 사용함
	종교	가톨릭 신자 수가 많음

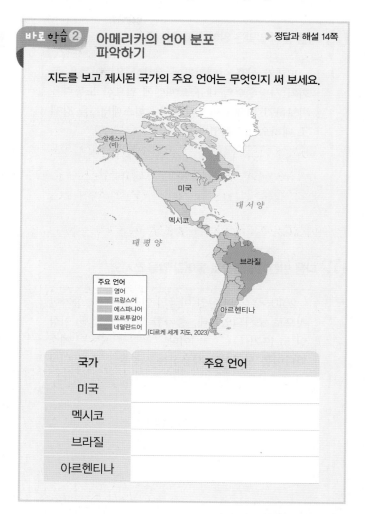

바로학습 ② 아메리카의 언어 분포 파악하기

▶ 정답과 해설 14쪽

지도를 보고 제시된 국가의 주요 언어는 무엇인지 써 보세요.

주요 언어
■ 영어
■ 프랑스어
■ 에스파냐어
■ 포르투갈어
■ 네덜란드어
(디르케 세계 지도, 2023)

국가	주요 언어
미국	
멕시코	
브라질	
아르헨티나	

2 아메리카의 문화 혼종성 사례

멕시코의 과달루페 성모상은 원주민들이 자신들과 비슷하게 검은 머리와 갈색 피부를 가진 모습의 성모 마리아를 만듦

미국 남부 지역에서 탄생한 재즈는 아프리카 전통 음악과 미국의 군악대 연주 기법이 결합해 만들어진 새로운 장르임

삼바 축제라고도 불리는 리우 카니발은 유럽의 축제 문화에 아프리카의 음악과 춤이 합쳐져 브라질 고유의 축제로 발전함

아르헨티나의 탱고는 아프리카의 춤과 리듬이 유럽의 악기로 연주하는 음악과 결합하여 만들어짐

캐나다의 퀘벡주는 프랑스계 이주민의 비율이 높은 지역으로 영어와 함께 프랑스어를 공용어로 사용함

멕시코 화가 프리다 칼로의 「버스」(1929년)라는 작품은 당시 멕시코 사회의 다양한 민족(인종)의 모습을 보여 줌

쑥쑥 문제

01 다음 글의 알맞은 말에 ○표 하시오.

> 16세기 이후 아메리카에 정착한 유럽인들은 목화와 사탕수수의 대규모 재배에 필요한 노동력을 확보하기 위해 (아프리카인 / 히스패닉)을 강제로 데려오기도 하였다.

02 다음 빈칸에 공통으로 들어갈 말을 쓰시오.

> 2010~2020년 동안 미국의 인구는 7.4% 증가한 것으로 조사되었는데, 증가한 인구 중 절반 이상인 51.1%가 (　　　)이다. (　　　)은/는 에스파냐어를 모국어로 사용하는 사람들로 주로 미국에 거주하는 라틴 아메리카 출신자들을 가리킨다.

03 다음 설명이 맞으면 ○표, 틀리면 ×표 하시오.

(1) 아메리카 문화는 원주민, 유럽, 아프리카, 아시아 등 다양한 문화가 만나면서 발전하였다.
(　　)

(2) 브라질은 에스파냐의 식민 지배 영향으로 에스파냐어를 주로 사용한다. (　　)

(3) 미국의 재즈는 아프리카인들의 고유한 음악과 춤이 이어져 내려온 문화이다. (　　)

04 아메리카의 국가와 주요 사용 언어를 바르게 연결하시오.

(1) 미국　　　•　　　　　• ㄱ. 영어

(2) 브라질　　•　　　　　• ㄴ. 에스파냐어

(3) 아르헨티나 •　　　　　• ㄷ. 포르투갈어

01 아메리카의 인구 구성 특징에 대한 설명으로 옳은 것은?

① 히스패닉은 영어를 모국어로 사용한다.
② 아르헨티나는 유럽계 인구 비율이 높다.
③ 미국의 민족(인종)의 대부분은 원주민이다.
④ 페루는 원주민보다 아프리카계 인구 비율이 더 높다.
⑤ 우루과이는 자메이카보다 아프리카계 인구 비율이 높다.

02 (가), (나)에 해당하는 민족(인종)을 바르게 연결한 것은?

> (가) 자메이카, 쿠바, 도미니카 공화국 등 열대 기후가 나타나는 카리브해 섬나라에 다수 거주하고 있다.
> (나) 온대 기후가 나타나는 아르헨티나, 우루과이를 중심으로 다수 거주하고 있다.

	(가)	(나)
①	원주민	유럽계
②	원주민	아시아계
③	히스패닉	아시아계
④	아프리카계	유럽계
⑤	아프리카계	아시아계

03 아메리카의 언어에 대한 설명으로 옳은 것은?

① 브라질은 에스파냐어를 주로 사용한다.
② 캐나다는 대다수가 포르투갈어를 사용한다.
③ 미국의 언어는 프랑스의 영향을 많이 받았다.
④ 아메리카의 언어는 유럽인의 이주와 관련이 깊다.
⑤ 라틴 아메리카는 앵글로아메리카보다 영어를 많이 사용한다.

04 다음 중 주요 언어가 다른 한 국가를 고른 것은?

① 페루
② 멕시코
③ 브라질
④ 우루과이
⑤ 아르헨티나

05 다음 글과 관련된 학습 주제로 적절한 것은?

> 리우 카니발은 브라질 리우데자네이루에서 열리는 삼바 축제이다. 삼바는 아프리카 노예들의 신나는 음악과 춤이 역동적인 리듬의 춤과 음악으로 변형된 것이다.

① 아메리카 문화의 폐쇄성
② 서로 다른 문화로 인한 갈등
③ 단일 민족을 유지하기 위한 노력
④ 문화 융합을 통한 새로운 문화 창조
⑤ 세계 여러 문화 간의 교류 감소 현상

06 다음 글의 ㉠~㉤ 중 옳지 않은 것은?

> 아메리카는 ㉠ 원주민의 전통문화와 유럽계, 아프리카계, 아시아계 등 다양한 민족(인종)의 문화가 섞여 다채로운 문화가 형성되었다. 예를 들어 ㉡ 멕시코의 성모상은 유럽의 영향으로 백인의 모습을 한 것이 특징이다. 또한 ㉢ 브라질의 리우 카니발은 유럽의 축제와 아프리카의 음악과 춤이 결합한 것이다. ㉣ 미국 남부에서 탄생한 재즈는 아프리카 음악의 영향을 받은 것이며, ㉤ 아르헨티나의 탱고는 아프리카의 춤과 리듬이 유럽의 악기로 연주하는 음악과 혼합하여 만들어졌다.

① ㉠　② ㉡　③ ㉢　④ ㉣　⑤ ㉤

도전!!

07 지도의 (가) 지역에 대한 설명으로 옳은 것은?

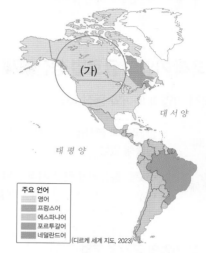

① 라틴 아메리카에 해당한다.
② 영국 문화의 영향을 많이 받았다.
③ 플랜테이션 농업이 주로 이루어진다.
④ 단일 민족 중심의 폐쇄적인 지역이다.
⑤ 전체 인구 중 원주민 인구 비율이 가장 높다.

서술형

08 자료를 보고 물음에 답하시오.

> 남부 유럽 국가인 (　　　)은/는 아메리카 문화 형성에 큰 영향을 주었다. 아메리카에서는 가톨릭 성인을 뜻하는 'San'이나 성녀를 뜻하는 'Santa'라는 표현이 들어간 지명을 많이 찾아볼 수 있는데, 이는 (　　　)의 영향 때문이다. 또한 ㉠ 라틴 아메리카의 멕시코, 에콰도르, 칠레 등은 (　　　)어를 공용어로 사용한다.

(1) 빈칸에 공통으로 들어갈 국가를 쓰시오.

(　　　　　　　)

(2) 밑줄 친 ㉠과 같은 현상이 나타난 이유를 서술하시오.

_____

03 초국적 기업의 발달과 지역 변화

1 초국적 기업의 글로벌 생산체제

 핵심 point 초국적 기업의 의미와 공간적 분업이 어떻게 이루어지는지 잘 익혀 보세요!

1 초국적 기업의 의미와 등장 배경

의미	한 국가에 본사를 두고 세계 여러 국가에서 상품을 생산, 판매하는 기업 → 농업, 제조업, 서비스업 등 다양한 분야에 진출해 있음
등장 배경	• 교통·통신의 발달로 지역 간의 교류가 활발해짐 • 세계 무역 기구(WTO)의 등장과 자유 무역 협정(FTA)의 확대

2 초국적 기업의 공간적 분업

의미		이윤을 극대화 하기 위해 기업의 본사, 연구소, 생산 공장 등을 세계 여러 지역에 분산하여 배치하는 것
특징		본사와 자회사가 비교적 동등한 지위를 가지며 수평적으로 연결됨
기능	본사	• 경영과 관리 기능 담당 • 다양한 정보와 자본을 확보하기 유리한 지역에 입지
	 연구소	• 기술 개발, 연구, 디자인 담당 • 기술을 갖춘 고급 인력이 많은 지역에 입지
	생산 공장	• 제품 생산 담당 • 땅값이 싸고, 저렴한 노동력이 풍부한 곳에 입지 • 무역 장벽을 피하거나 판매 시장을 확보하기 위해 선진국 내 입지

3 초국적 기업의 공간적 분업 사례

〈사례1〉 과일·채소 판매 기업 D사		〈사례 2〉 커피 전문점 S사		〈사례 3〉 전자 제품 기업 A사	

본사	미국 캘리포니아	본사	미국 워싱턴	본사	미국 실리콘 밸리
농장	브라질, 아르헨티나, 인도, 남아프리카 공화국 등 기후 여건이 좋고 노동력이 저렴한 지역에 입지	원두 공급	코스타리카에서 직접 운영하는 커피 농장과 과테말라 등 세계 여러 커피 재배지에서 원두를 공급받음	연구소	본사가 있는 실리콘 밸리와 독일, 영국, 중국, 일본 등에 연구소를 두어 기술 개발을 나누어 담당함
판매점	구매력이 큰 유럽과 미국 중심으로 운영	판매점	세계 각지에 분포	공장	세계 각지에 분포

② 초국적 기업이 가져온 지역 변화

1 초국적 기업이 해외로 이전하는 이유

(1) **생산 비용 절감** 자원, 노동력 등이 저렴한 지역으로 이전하여 생산 비용을 줄임
(2) **판매 시장 확보** 수요가 많은 국가로 이전하여 시장을 확보함
(3) **기업 활동에 유리한 조건 탐색** 세금 혜택이나 정부 지원 등 기업 활동에 유리한 조건을 찾아 이전함

2 초국적 기업의 진출과 지역 변화

(1) 긍정적 변화

	일자리가 늘어나고 소득이 증가해 지역 경제가 활성화됨		도로, 통신, 수도, 전력 등의 공공시설이나 편의 시설이 개선됨		자본과 기술이 들어와 국가의 산업 경쟁력이 높아지기도 함

(2) 부정적 영향

	초국적 기업이 떠난 지역은 일자리가 줄어들어 지역 경제가 침체되기도 함		유사한 제품을 생산하는 국내 기업이 어려움을 겪음		생산 공장에서 발생하는 유해 물질에 의해 환경이 오염되기도 함

3 초국적 기업의 활동이 지역에 미친 영향

멕시코의 변화	미국 **디트로이트**의 변화	
 ▲ F 자동차의 멕시코 공장	 ▲ 폐쇄 후 방치된 자동차 공장(2012년)	 ▲ 디트로이트에서 열린 북미 국제 모터쇼(2019년)
미국의 자동차 생산 공장이 멕시코 국경 지역에 생기면서 수백만 개의 일자리가 창출되고, 지역 경제가 활성화됨	미국의 디트로이트는 자동차 산업의 중심지였으나, 공장이 해외로 이전하면서 지역 경제가 침체됨	전기 자동차와 자율 주행 자동차 등 미래 자동차 육성에 따라 디트로이트에 자동차 공장과 연구소가 재입지함

바로학습① 초국적 기업과 지역의 변화 파악하기

▶ 정답과 해설 15쪽

(1) 다음 입지 조건과 관련 있는 초국적 기업의 기능을 박스에서 골라 써 보세요.

> 본사, 연구소, 생산 공장

㉠ 기술을 갖춘 고급 인력이 많은 지역 (　　　　)
㉡ 땅값이 싸고, 저렴한 노동력이 풍부한 지역
　　　　　　　　　　　　　　　　　　(　　　　)
㉢ 다양한 정보와 자본을 확보하기에 유리한 지역
　　　　　　　　　　　　　　　　　　(　　　　)

(2) 초국적 기업이 지역에 미친 영향에 대한 대화의 알맞은 말에 ○표 해 보세요.

 초국적 기업이 들어선 지역은 일자리가 늘어나면서 지역 경제가 ㉠ (침체 / 활성화)되기도 해.

 하지만 초국적 기업이 빠져나가면 일자리가 줄어들고 지역 경제가 ㉡ (침체 / 활성화)될 수 있어.

01 빈칸에 들어갈 알맞은 말을 쓰시오.

> 한 국가에 본사를 두고 세계 여러 국가에서 상품을 생산, 판매하는 기업을 (   )(이)라고 한다.

02 다음 설명에 알맞은 말에 ○표 하시오.

> 초국적 기업은 다양한 기능을 분리하고 각기 분리된 기능을 효율적으로 수행할 수 있도록 서로 다른 지역에 배치하는데 이것을 (공간적 분업 / 공간적 집적)이라고 한다.

03 다음 설명이 맞으면 ○표, 틀리면 ✕표 하시오.

(1) 초국적 기업의 본사는 주로 자본이 풍부한 지역에 입지한다. (   )

(2) 고급 인력이 풍부한 곳에는 초국적 기업의 생산 공장이 들어서는 경우가 많다. (   )

(3) 초국적 기업이 빠져나간 지역은 지역 경제가 침체되기도 한다. (   )

04 다음 입지 조건과 관련 있는 초국적 기업의 기능을 보기 에서 골라 기호를 쓰시오.

> 입지 조건: 땅값이 낮고, 저렴한 노동력이 풍부한 곳

> **보기**
> ㄱ. 본사   ㄴ. 연구소   ㄷ. 생산 공장

쏙쏙 문제

01 초국적 기업에 대한 옳은 설명을 보기 에서 고른 것은?

> **보기**
> ㄱ. 한 국가 내에서만 제품을 판매한다.
> ㄴ. 교통·통신의 발달로 등장하게 되었다.
> ㄷ. 무역 장벽이 낮아지면서 규모가 커지고 있다.
> ㄹ. 초국적 기업은 제조업 분야에만 발달해 있다.

① ㄱ, ㄴ   ② ㄱ, ㄷ   ③ ㄴ, ㄷ
④ ㄴ, ㄹ   ⑤ ㄷ, ㄹ

02 다음 중 초국적 기업의 성장 배경으로 옳은 것은?

① 기업 활동의 위축
② 보호 무역의 확대
③ 국경의 장벽 강화
④ 지역 간 교류 감소
⑤ 교통·통신의 발달

03 다음 글과 관련된 탐구 주제로 가장 적절한 것은?

> 미국 워싱턴에 본사를 두고 있는 S 커피 전문점은 코스타리카, 과테말라 등에서 원두를 공급받아 전 세계 매장에 음료를 제공하고 있다.

① 초국적 기업과 공간적 분업
② 초국적 기업의 부정적 영향
③ 초국적 기업의 긍정적 영향
④ 우리나라의 초국적 기업 현황
⑤ 초국적 기업의 연구소 입지에 유리한 지역

04 다음 글의 ㉠에 들어갈 내용으로 옳은 것은?

> 초국적 기업의 기능은 크게 본사와 연구소, 생산 공장 등으로 구성되어 있다. 대체로 생산 공장이 입지한 곳은 본사가 입지한 곳보다 ____㉠____.

① 땅값이 비싸다.
② 자본이 풍부하다.
③ 우수한 인력이 많다.
④ 저렴한 노동력이 풍부하다.
⑤ 교통과 통신 시설이 잘 갖추어져 있다.

05 다음 빈칸에 들어갈 내용으로 옳은 것은?

> 초국적 기업은 전 세계를 대상으로 생산과 판매 활동을 하는 기업이다. 초국적 기업의 (   ) 은/는 기업의 다양한 기능을 총괄하고 의사 결정을 내리며 핵심 사업을 담당한다. 따라서 정보 수집과 자본 확보에 유리한 지역에 입지하는 경우가 많다.

① 본사
② 연구소
③ 영업 지점
④ 생산 공장
⑤ 고객 센터

06 다음 글의 밑줄 친 ㉠에 해당하는 사례로 옳은 것은?

> 초국적 기업은 생산 비용 절감 등을 위해 기존에 있던 생산 공장을 다른 지역으로 이전하기도 한다. 이러한 경우에 ㉠ 기존에 생산 공장이 있던 지역에서는 여러 변화가 나타난다.

① 일자리가 줄어든다.
② 지역 경제가 발전된다.
③ 산업의 기술 수준이 높아진다.
④ 편의 시설과 관련 산업이 발달한다.
⑤ 유사 제품을 생산하는 국내 기업이 어려움을 겪는다.

도전!!

07 다음 자료를 보고 추론한 내용으로 옳지 <u>않은</u> 것은?

▲ F 자동차의 멕시코 공장

> 미국의 자동차 생산 공장이 멕시코의 국경 지역으로 이전하였다. 이로 인해 멕시코에 많은 변화가 일어났다.

① 멕시코의 경제가 활성화되었을 것이다.
② 공장 이전으로 멕시코의 일자리가 증가하였을 것이다.
③ 멕시코의 노동력이 저렴하여 공장이 이전하였을 것이다.
④ F 자동차의 본사와 함께 공장이 멕시코로 이전하였을 것이다.
⑤ 멕시코에 새로운 공장이 들어서면서 멕시코의 공공시설이 개선되었을 것이다.

서술형

08 다음 글을 읽고 물음에 답하시오.

> 초국적 기업은 다양한 기능을 분리하고, 각기 분리된 기능을 효율적으로 수행할 수 있도록 서로 다른 지역에 배치하는데 이를 (㉠   )(이)라고 한다. 한편 초국적 기업은 생산비를 줄여 이윤을 높이기 위해 생산 공장 등을 다른 지역에 재배치하기도 하는데, ㉡ 초국적 기업의 생산 공장이 들어선 지역에서는 다양한 변화가 나타난다.

(1) ㉠에 들어갈 알맞은 말을 쓰시오.

(   )

(2) ㉡에 해당하는 사례를 한 가지만 쓰시오.

_____

01 다음 지도와 같이 아메리카 대륙을 구분할 때, 이에 대한 설명으로 옳은 것은?

① A는 미시시피강에 해당한다.
② 경제적 수준으로 구분한 것이다.
③ 미국과 캐나다는 남아메리카에 속한다.
④ 문화적 배경을 기준으로 구분한 것이다.
⑤ 지리적 위치를 중심으로 구분한 것이다.

02 아메리카의 기후에 대한 옳은 설명을 보기 에서 고른 것은?

> **보기**
> ㄱ. 아마존강 유역을 중심으로 온대 기후가 분포한다.
> ㄴ. 알래스카와 캐나다 북부 일대에서는 한대 기후가 나타난다.
> ㄷ. 미국 동부 지역은 건조 기후가 나타나 사막이 넓게 분포한다.
> ㄹ. 브라질 남부와 아르헨티나 일대에는 온대 초원이 넓게 형성되어 있다.

① ㄱ, ㄴ   ② ㄱ, ㄷ   ③ ㄴ, ㄷ
④ ㄴ, ㄹ   ⑤ ㄷ, ㄹ

03 (가)~(다)와 관련된 관광지를 바르게 연결한 것은?

> **<동동이의 아메리카 여행 버킷리스트>**
> (가) 열대 우림이 펼쳐져 있는 세계에서 유역 면적이 가장 넓은 하천
> (나) 미국과 캐나다의 국경 지대에 위치한 폭포
> (다) 고대 문명이 발달한 남아메리카 산지

	(가)	(나)	(다)
①	아마존강	빅토리아 폭포	로키산맥
②	아마존강	나이아가라 폭포	로키산맥
③	아마존강	나이아가라 폭포	안데스산맥
④	미시시피강	빅토리아 폭포	로키산맥
⑤	미시시피강	나이아가라 폭포	안데스산맥

04 다음 지형 경관을 모두 볼 수 있는 국가를 지도의 ㉠~㉤에서 고른 것은?

> • 로키산맥
> • 미시시피강
> • 나이아가라 폭포

① ㉠
② ㉡
③ ㉢
④ ㉣
⑤ ㉤

05 (가)에 들어갈 내용으로 옳은 것은?

※ 다음 퀴즈의 정답에 해당하는 글자를 지우면 〈글자판〉의 글자가 모두 지워 집니다.
(1) 수도가 부에노스아이레스인 남아메리카 국가
(2) 남아메리카 서부에 남북으로 길게 뻗어 있는 산맥
(3) _____ (가) _____.

〈글자판〉

안	아	데	고	헨	산	나
도	산	시	르	스	티	맥

① 리오그란데강을 경계로 남쪽에 있는 지역
② 아르헨티나에 발달한 온대 초원을 일컫는 말
③ 세계 최대의 열대 우림 지대를 흘러가는 하천
④ 커피와 바나나 등의 열대작물을 대규모로 재배하여 수출하는 농업 방식
⑤ 적도 주변의 해발 고도가 높은 곳에 위치하여 연중 온화한 기후가 나타나는 도시

07 아메리카의 문화에 대한 옳은 설명을 보기 에서 고른 것은?

보기

ㄱ. 리우 카니발은 유럽 문화와 아시아 문화가 융합되어 만들어진 축제이다.
ㄴ. 브라질은 과거 프랑스의 식민 지배를 받아 프랑스어를 공용어로 사용한다.
ㄷ. 에스파냐의 식민 지배를 받았던 아르헨티나, 우루과이는 에스파냐어를 공용어로 사용한다.
ㄹ. 라틴 아메리카에는 남부 유럽의 문화가 전파되어 남부 유럽과 유사한 건축 양식이 나타난다.

① ㄱ, ㄴ ② ㄱ, ㄷ ③ ㄴ, ㄷ
④ ㄴ, ㄹ ⑤ ㄷ, ㄹ

주관식

08 다음 글의 ㉠과 같은 기업을 일컫는 말을 쓰시오.

㉠ S 커피 전문점은 미국 워싱턴주 시애틀에 본사를 두고 전 세계에서 커피 매장을 운영하며 소비자들에게 다양한 음료를 제공하고 있다.

_____

주관식

06 다음 자료의 빈칸에 공통으로 들어갈 말을 쓰시오.

다음 사진처럼 브라질에서는 (　)과/와 영어가 함께 표기된 간판을 쉽게 볼 수 있습니다.

▲ (　)이/가 공용어인 브라질의 간판

09 다음 글의 ㉠에 해당하는 내용으로 옳은 것은?

오대호 연안에 있는 미국 미시간주의 디트로이트는 세계적인 자동차 산업의 중심 도시였다. 하지만 미국 북동부 지역의 제조업 쇠퇴와 함께 공장이 해외로 이전하며 ㉠ 디트로이트에서는 많은 변화가 나타났다.

① 대규모의 실업이 발생하게 되었다.
② 세계 자동차 산업의 중심지가 되었다.
③ 투자가 확대되고 지역 경제가 활성화되었다.
④ 제조업에 종사하는 인구수가 급격히 증가했다.
⑤ 새로운 산업 단지 조성으로 지역에 일자리가 증가했다.

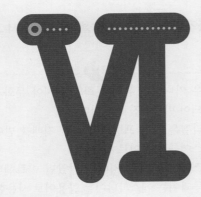

VI

오세아니아와 극지방

오세아니아와 극지방 파헤치기

기본기 1 지도 마스터하기

오세아니아 백지도의 ❶~❿에 해당하는 주요 국가와 도시의 이름을 알맞게 써 보세요.

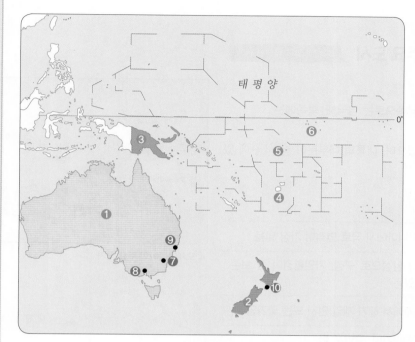

번호	국가명
❶	
❷	
❸	
❹	
❺	
❻	

번호	도시명
❼	
❽	
❾	
❿	

정답 ❶ 오스트레일리아 ❷ 뉴질랜드 ❸ 파푸아 뉴기니 ❹ 피지 ❺ 투발루 ❻ 키리바시 ❼ 캔버라 ❽ 멜버른 ❾ 시드니 ❿ 웰링턴

기본기 2 낯선 용어와 친해지기

〈Ⅵ. 오세아니아와 극지방〉 단원을 학습하기 위해 꼭 알아야 할 단어입니다. 다음 물음에 답해 보세요.

(1) 다음 뜻을 읽고 초성을 완성해 보세요.

뜻	단어
① 오랜 기간 자란 산호를 비롯한 여러 생물의 유해가 쌓여서 만들어진 암초이다.	ㅅㅎㅊ
② 건조 지대에서 지하수를 끌어올려 사용하는 대규모의 우물을 말한다.	ㅊㅈ
③ 남극에서의 평화적인 활동과 과학적 연구를 목적으로 체결된 국제 조약이다.	ㄴㄱㅈㅇ

(2) 다음 글에 해당하는 단어를 글자 박스 에서 찾아 써 보세요.

① 대표적인 화석 연료로 다양한 산업 및 에너지 생산에 사용되며, 철광석과 더불어 오스트레일리아의 주요 수출품이다.　(　　　　　　)

② 세계에서 가장 큰 해양으로, 해양 쓰레기나 해수면 상승 등의 환경 문제가 나타나는 곳이다.　(　　　　　　)

글자 박스

석	열	후	강
기	평	대	탄
위	태	지	양

정답 (1) ① 산호초 ② 찬정 ③ 남극 조약 (2) ① 석탄 ② 태평양

01 세계 속의 오세아니아

우리의 약속 👉 회색으로 써진 글씨는 따라 쓰고, 색이 칠해진 부분을 형광펜으로 줄을 치며 꼼꼼히 읽어보세요.

1 오세아니아의 위치와 국가 및 주요 도시　6학년 | 2학기 | 1단원 연계

1 오세아니아의 위치와 특징

(1) **위치**　동쪽에는 태평양, 서쪽에는 인도양, 남쪽으로는 남극해, 북쪽에는 아시아가 있음

(2) **특징**　크고 작은 수많은 섬으로 이루어져 있으며, 대륙의 대부분이 남반구에 있음 → 북반구과 계절이 반대로 나타남

▲ 오세아니아의 주요 국가

2 오세아니아의 국가와 주요 도시

국가	오스트레일리아	오세아니아에서 국토 면적이 가장 넓음
	뉴질랜드	북섬과 남섬으로 구성, 자연환경이 잘 보존되어 있음
	키리바시	전 세계에서 해가 제일 먼저 뜨는 국가임
	태평양의 작은 섬나라	파푸아 뉴기니, 투발루 등
주요 도시	캔버라	오스트레일리아의 수도이자 정치와 행정의 중심지
	시드니	오스트레일리아에서 인구가 가장 많은 도시
	멜버른	오스트레일리아의 도시 중 유럽의 영향을 가장 많이 받은 도시
	웰링턴	뉴질랜드의 수도이며, 북섬에 위치함
	오클랜드	뉴질랜드에서 인구가 가장 많은 도시

▲ 오세아니아의 주요 도시와 인구 밀도

오스트레일리아의 사람들은 주로 동부 해안가에 살고 있어요.

2 오세아니아의 자연환경　6학년 | 2학기 | 1단원 연계

1 오세아니아의 주요 지형　핵심 point 오세아니아 지형은 지역별로 다양하게 나타나요.

오스트레일리아	서부	그레이트빅토리아 사막 등이 펼쳐져 있음
	동부	그레이트디바이딩산맥은 고도가 낮고 완만함
	중부	대찬정 분지 등 평원 발달
	북동부 해안	세계 최대 규모의 산호초 지대(대보초 해안) 발달
뉴질랜드		북섬은 화산 지형, 남섬은 빙하 지형이 발달함
태평양의 작은 섬나라		주로 화산 활동으로 형성되거나 산호초로 이루어져 있음

▲ 오세아니아의 주요 지형

> 정답과 해설 16쪽

바로학습 ① 오세아니아의 주요 지형 살펴보기

92쪽의 지형도를 참고하여 각 지형이 위치한 국가의 이름을 ⑦~②에 각각 써 보세요.

모습				
설명	세계 최대의 산호초 지대인 대보초의 모습	대륙 중앙의 사막 한가운데 위치한 울루루의 모습	땅을 파면 물이 솟아오르는 찬정 분지의 모습	남섬 해안을 따라 길게 뻗은 남알프스산맥의 모습
국가	⑦	ⓛ	ⓒ	②

2 오세아니아의 기후

열대 기후	• 오스트레일리아의 북부 지역 • 태평양의 작은 섬나라
건조 기후	오스트레일리아 내륙과 서부 지역
온대 기후	• 오스트레일리아의 남동부와 남서부 • 뉴질랜드의 대부분 지역, 북섬이 남섬보다 따뜻함

 인구 밀도가 높은 지역은 사람이 살기 적합한 온대 기후 지역이에요.

열대 기후
건조 기후
온대 기후

(『필립스 세계 지도』, 2022)

▲ 오세아니아의 기후 분포

3 세계와 소통하는 오세아니아

1 오세아니아의 자원

농축산물	• 오스트레일리아는 밀, 소고기, 양털 유제품 등을 주로 생산하는 세계적인 농목업 국가임 • 뉴질랜드는 농산물 수출이 전체 수출의 절반 이상이며, 양털, 소고기, 과일 등을 수출함
광물 자원	오스트레일리아의 동부 산지 주변에서는 석탄, 북서부 해안 근처에서는 철광석이 많이 생산됨 → 우리나라, 중국, 일본 등으로 수출
관광 자원	아름다운 자연 경관과 독특한 야생 동물, 원주민 문화 등을 바탕으로 생태 관광지로 주목받고 있음

▲ 오스트레일리아의 석탄 및 철광석 수출

2 오세아니아와 세계 다른 지역 간의 관계

(1) **교역 국가의 변화** 과거에는 주로 유럽, 미국과의 교류가 많았으나, 최근에는 한국, 중국, 일본 등 지리적으로 가까운 아시아 국가들과의 교역량이 증가

(2) **역내 포괄적 경제 동반자 협정(RCEP)** 오스트레일리아, 뉴질랜드, 동남아시아 국가 연합, 우리나라 등을 포함한 15개 국이 다자간 자유 무역 협정 체결 → 아시아와의 경제 협력 강화

탄탄 문제

01 다음 설명이 맞으면 ○표, 틀리면 ✕표 하시오.

(1) 오세아니아는 대륙의 대부분이 북반구에 위치해 있다. ( )

(2) 뉴질랜드는 대체로 열대 기후가 나타난다. ( )

(3) 오스트레일리아의 북동부 해안에서는 산호초 지대를 볼 수 있다. ( )

02 오스트레일리아 각 지역에서 볼 수 있는 지형을 바르게 연결하시오.

(1) 동부 지역 • • ㄱ. 산호초 지대

(2) 서부 지역 • • ㄴ. 그레이트샌디 사막

(3) 북동부 해안 지역 • • ㄷ. 그레이트디바이딩 산맥

03 다음은 오세아니아를 기후에 따라 구분한 것이다. A~C에 해당하는 기후 명칭을 쓰시오.

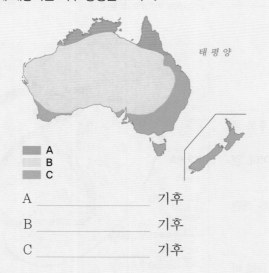

A _____ 기후

B _____ 기후

C _____ 기후

04 초성을 참고하여 빈칸에 들어갈 알맞은 단어를 쓰시오.

> 오스트레일리아 동부 산지에서는 ㅅㅌ 생산량이 많고, 북서부 해안 근처에서는 ㅊㄱㅅ 생산이 활발하게 이루어진다.

쏙쏙 문제

01 오세아니아에 대한 설명으로 옳은 것은?

① 북반구와 계절이 반대로 나타난다.

② 뉴질랜드는 주로 건조 기후가 나타난다.

③ 뉴질랜드에서 빙하 지형을 관찰할 수 없다.

④ 피지, 키리바시 등의 국가는 포함되지 않는다.

⑤ 국토 면적이 가장 넓은 국가는 파푸아 뉴기니이다.

02 오세아니아의 국가와 주요 도시의 연결이 옳지 <u>않은</u> 것은?

① 뉴질랜드 – 웰링턴

② 뉴질랜드 – 캔버라

③ 뉴질랜드 – 오클랜드

④ 오스트레일리아 – 시드니

⑤ 오스트레일리아 – 멜버른

03 A~E에 해당하는 지형을 바르게 연결한 것은?

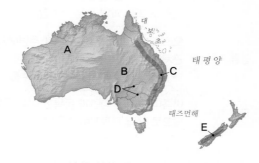

① A – 대찬정 분지

② B – 그레이트샌디 사막

③ C – 남알프스산맥

④ D – 머리강, 달링강

⑤ E – 그레이트디바이딩산맥

04 오세아니아의 지형에 대한 설명으로 옳지 <u>않은</u> 것은?

① 뉴질랜드의 북섬에서는 화산을 관찰할 수 있다.
② 뉴질랜드의 남섬 해안가는 대보초 지대가 나타난다.
③ 태평양의 작은 섬나라에서는 화산 지형을 볼 수 있다.
④ 오스트레일리아의 서부에서는 건조 지형이 나타난다.
⑤ 오스트레일리아의 중부는 대체로 평탄한 지형이 나타난다.

05 오세아니아의 기후를 나타낸 지도의 A~C 기후 지역에 대한 설명으로 옳은 것은?

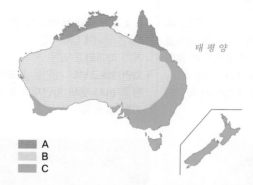

태 평 양

A
B
C

① A는 강수량이 적어 사막 발달에 유리하다.
② B는 열대 기후에 해당한다.
③ C는 연중 기온이 높고 비가 많이 내리는 기후이다.
④ 적도와 가장 가까운 지역에서는 C가 나타난다.
⑤ C는 온대 기후로, 오세아니아에서 인구가 많이 모여 사는 곳에서는 이 기후가 나타난다.

도전!!

06 다음 글의 (가) 국가에 대한 설명으로 옳은 것은?

> 오세아니아의 ____(가)____ 에는 다양한 종류의 지하자원이 풍부하게 매장되어 있다. 특히 철광석, 석탄, 보크사이트 등의 생산량이 많아 세계 여러 나라로 수출하고 있다.

① (가)는 뉴질랜드이다.
② 오세아니아에서 국토 면적이 가장 좁다.
③ 국토가 북섬과 남섬으로 이루어져 있다.
④ 전 세계에서 해가 제일 먼저 뜨는 국가이다.
⑤ 세계 최대 규모의 산호초 지대를 볼 수 있다.

도전!!

07 오세아니아의 산업에 대한 설명으로 옳은 것은?

① 태평양의 작은 섬나라는 제조업이 발달하였다.
② 뉴질랜드는 어업이 국가 경제의 중요한 부분을 차지한다.
③ 목초지가 많은 키리바시는 소고기와 유제품을 주로 수출한다.
④ 오스트레일리아는 중국에서 석탄과 철광석을 많이 수입한다.
⑤ 오세아니아는 관광 자원이 풍부하여 생태 관광지로 주목받고 있다.

08 빈칸에 들어갈 알맞은 용어로 옳은 것은?

> 오스트레일리아와 뉴질랜드, 동남아시아 국가 연합, 우리나라 등을 포함한 15개국이 ( ) 을/를 통해 오세아니아는 아시아와의 경제적 협력을 강화하고 있다.

① 아세안(ASEAN)
② 자유 무역 협정(FTA)
③ 세계 무역 기구(WTO)
④ 아시아 태평양 경제 협력체(APEC)
⑤ 역내 포괄적 경제 동반자 협정(RCEP)

서술형

09 다음의 대화의 (가)에 들어갈 내용을 서술하시오.

오세아니아가 생태 관광지로 주목받고 있는 이유는 뭘까?

그 이유는 _____
____(가)____
_____ 때문이야.

태평양 지역의 환경 문제와 해결 노력

우리의 약속 🖐 회색으로 써진 글씨는 따라 쓰고, 색이 칠해진 부분을 형광펜으로 줄을 치며 꼼꼼히 읽어보세요.

1 태평양 지역의 다양한 환경 문제 〔6학년 | 2학기 | 2단원 연계〕

1 태평양의 중요성　핵심 point 태평양의 환경 문제는 지구 환경 전반에 영향을 주고 있어요.

(1) **세계에서 가장 큰 바다**　지구 전체 면적의 약 30%를 차지하며, 아시아, 오세아니아, 아메리카 대륙에 접해 있음

(2) **자원의 보고**　수많은 해양 생물이 살아가는 곳

2 태평양 지역의 다양한 환경 문제

문제	해양 쓰레기	해수면 상승	산호초 파괴
원인	해양에 버려진 쓰레기가 태평양에 거대한 쓰레기 섬을 이룸	지구 온난화에 따라 극지방의 빙하가 녹으며 해수면이 상승함	기후변화에 따른 해수 온도 상승
피해	• 바다가 오염되고 주민들의 건강을 위협하고 있음 • 미세 플라스틱은 조류나 해양 생물들이 먹이로 착각하여 먹을 수 있음 • 해양 생물에 축적된 플라스틱은 인간의 식재료에 포함되어 생명을 위협함	• 투발루, 키리바시 등 국토의 해발 고도가 낮은 태평양의 섬 국가들은 해수면 상승에 따라 국토가 물에 잠겨 사라질 위기에 처해 있음 • 바닷물이 지하수로 유입하여 식수난이 발생할 수 있음	• 산호초가 죽어서 하얗게 변하는 백화 현상이 나타나는 등 해양 생태계가 파괴되고 있음 • 자연재해로부터 해안을 보호하는 역할을 하지 못해 자연재해 피해가 증가할 수 있음

▲ 태평양 지역에 쌓여 있는 해양 쓰레기　▲ 침수 위기에 처한 키리바시　▲ 백화 현상이 나타난 산호초

바로학습 ①　태평양 거대 쓰레기 지대　〉 정답과 해설 17쪽

다음은 태평양 지역에 만들어진 태평양 거대 쓰레기 지대의 위치와 모습입니다. 이러한 환경 문제가 발생한 원인을 쓰고, 이에 따른 피해가 나타나는지 각각 써 보세요.

(미국 해양 대기청, 2023)

㉠ 원인

㉡ 피해

2 태평양 지역의 환경 문제 해결을 위한 노력

국제 사회	우리나라
• 국제 연합(UN)을 중심으로 플라스틱 제품 사용을 줄이기 위해 노력함 • **파리 기후 협약** 등 온실가스 배출량을 단계적으로 감축하기 위한 국제 협약을 체결	• 해양 폐기물 관련 법을 제정하여 쓰레기가 해양으로 유출되는 것을 막기 위해 노력함 • '2050 탄소중립 비전'을 세워 국제 사회의 노력에 동참함

환경 단체	개인
• 태평양 환경 재단, 그린피스 등과 같은 환경 단체는 환경 문제의 심각성을 알리고 환경 보호를 위한 캠페인을 진행함 • 환경 단체의 캠페인을 통해 국제 연합(UN)은 북태평양에 있는 쓰레기 섬을 '트래시 아일스'라는 정식 국가로 인정함	• 쓰레기 줍기, 장바구니와 다회용 컵 사용하기 등의 활동으로 동참 • 대중교통 이용하기, 저탄소 제품 구매하기 등의 방법으로 탄소 배출을 줄이기 위해 노력함

일회용품

바로학습 2 태평양 환경 문제 해결을 위한 노력 알아보기

▶ 정답과 해설 17쪽

(1) 다음 사진과 관련한 환경 문제가 무엇인지 써 보세요.

▲ 투발루가 직면한 환경 문제를 해결하기 위해 전 세계에 호소하는 투발루 장관

환경 문제 _____

(2) 태평양 지역의 환경 문제를 해결하기 위한 노력을 바르게 설명한 학생은 누구인지 써 보세요.

> 태평양 지역의 환경 문제는 태평양에 접해 있는 국가들만의 노력으로 충분히 해결할 수 있어!

소윤

> 그린피스의 캠페인 활동, 해양 폐기물 관련 법 제정 등과 같은 개인의 노력이 매우 중요해.

은서

> 플라스틱 사용 줄이기, 에너지 절약하기 등의 노력으로 태평양 지역의 환경 문제 해결에 참여할 수 있어!

연준

_____

탄탄 문제

01 다음 설명이 맞으면 ○표, 틀리면 ✕표 하시오.

(1) 태평양은 세계에서 제일 큰 바다이다. (　　)

(2) 산호초가 파괴되면 자연재해 피해가 감소한다.
(　　)

(3) 온실가스의 과다 배출은 해수면 상승의 원인이다.
(　　)

(4) 태평양 지역 환경 문제를 해결하기 위해서는 전
세계가 함께 노력해야 한다. (　　)

02 다음 빈칸에 들어갈 말을 보기 에서 찾아 쓰시오.

> □□□□□은/는 '태평양 쓰레기 섬'의 원인
> 인 해양 쓰레기의 주범으로 주로 일회용품의 재료
> 로 쓰인다.

보기

미	비	틱	플	정	라
기	구	부	세	스	용

03 다음 빈칸에 들어갈 알맞은 용어에 ○표 하시오.

> 온실가스의 배출 증가에 따른 기후변화로 해수
> 면이 (상승 / 하강)하면서 태평양 섬 국가 주민들
> 의 삶의 터전이 위협받고 있다.

04 다음 글의 빈칸에 들어갈 국가를 보기 에서 골라 기호를
쓰시오.

> 해수면 상승에 따라 생활 공간이 위협받고 있는
> 태평양의 섬 국가인 (　　　)는 국토가 물에 잠
> 길 위기에 처해 있다.

보기
> ㄱ. 투발루　　ㄴ. 뉴질랜드　　ㄷ. 오스트레일리아

쑥쑥 문제

01 태평양에 대한 옳은 설명만을 보기 에서 고른 것은?

보기
> ㄱ. 세계에서 대서양 다음으로 큰 바다이다.
> ㄴ. 아시아, 오세아니아, 아메리카 대륙과 접해
> 있다.
> ㄷ. 해양 쓰레기, 해수면 상승 등의 문제를 겪고
> 있다.
> ㄹ. 지리적 특징으로 인해 다른 지역으로 환경 문
> 제가 확산되지 않는다.

① ㄱ　　　　② ㄱ, ㄷ　　　　③ ㄴ, ㄷ
④ ㄴ, ㄹ　　　⑤ ㄷ, ㄹ

02 다음은 태평양 지역에서 발생하는 환경 문제를 보여 주
는 사진이다. 사진 속 환경 문제에 대한 설명으로 옳은
것은?

① 태풍 피해 증가로 이어진다.
② 자외선 차단제의 남용이 주된 원인이다.
③ 온실가스 배출 증가에 따라 형성되었다.
④ 이에 대한 대응으로 파리 기후 협약이 체결되었다.
⑤ 해양 쓰레기들이 바람과 해류의 순환으로 한 곳
에 모여서 형성되었다.

03 다음 편지를 보낸 사람이 사는 지역으로 가장 적절한 것은?

> 안녕? ○○아!
> 최근 우리 지역은 서서히 물에 잠기
> 고 있어서 주민들의 삶의 터전이 사라
> 지는 중이야. 나도 곧 다른 나라로 떠
> 날 것 같아……. 또 연락할게!

① 산성비　　② 사막화　　③ 해양 쓰레기
④ 해수면 상승　⑤ 산호초 파괴

[04~05] 다음은 태평양 지역에 나타나는 환경 문제에 대한 자료이다. 이를 보고 물음에 답하시오.

세계 최대의 산호초 군락으로 유명한 이곳에서는 알록달록한 산호가 색을 잃고 하얗게 변화하면서 죽어가고 있어요.

04 환경 문제가 나타나는 지역을 지도의 A~E에서 고른 것은?

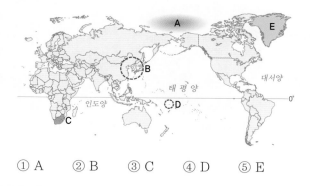

① A ② B ③ C ④ D ⑤ E

05 위와 같은 환경 문제에 대한 설명으로 옳은 것은?

① 바닷물의 온도가 낮아지면서 발생한다.
② 미세 플라스틱 사용 증가가 주된 원인이다.
③ 극지방의 빙하가 녹으면서 발생한 문제이다.
④ 해발 고도가 낮은 지역들은 물에 잠기게 된다.
⑤ 해양 생물의 서식지 및 해양 생태계가 파괴될 수 있다.

06 태평양의 환경 문제를 해결하기 위한 개인의 노력으로 가장 적절한 것은?

① 친환경 제품을 개발하는 데에 힘쓴다.
② 환경 보호와 관련된 정책을 마련한다.
③ 파리 협약과 같은 국제 협약을 체결한다.
④ 저탄소 제품을 구매하여 탄소 배출을 줄인다.
⑤ 사용하기 편리한 플라스틱을 소재로 한 제품을 개발한다.

도전!!
07 다음 자료의 환경 문제와 관련된 설명으로 옳지 <u>않은</u> 것은?

▲ 쓰레기 섬의 국기(좌)와 화폐(우)

국제 연합은 북태평양에 형성된 쓰레기 섬을 정식 국가로 인정하였다. 한 환경 단체가 해당 지역을 국가로 승인받기 위해 이 국가의 화폐, 여권, 우표 등을 만들었고, 온라인으로 시민을 모집하여 20만 명 이상의 사람들이 시민권을 취득하였다.

① 지구 온난화가 주요 원인이다.
② 해양 생물들을 위협하고, 지역 주민들에게 큰 피해를 준다.
③ 태평양 지역의 환경 문제 해결을 위해 시민의 노력이 중요하다.
④ 위 문제를 해결하기 위해 플라스틱 규제 법률 마련이 필요하다.
⑤ 쓰레기섬이 국가로 승인된 이후 국제 사회의 관심도가 증가할 것이다.

도전!!
08 다음 글의 밑줄 친 ㉠의 원인을 쓰시오.

국토의 평균 해발 고도가 낮은 투발루와 키리바시 등 태평양의 작은 섬 국가들은 기후변화로 인해 ㉠ 국가가 사라질 위기에 처해 있다.

03 극지방의 지리적 중요성과 지역 개발

1 극지방의 지리적 중요성 `6학년 | 2학기 | 1단원 연계`

1 극지방의 지리적 특징 `핵심 point` 남극은 대륙으로 이루어져 있고, 북극은 해양으로 이루어져 있어요.

위치	• 지구의 남쪽과 북쪽 끝에 위치함 • 위도 60° 이상의 고위도 지역임	
특징	• 기후변화로 개발 가능성이 높아지면서 중요성이 커짐 • 하루 종일 해가 지지 않는 백야 현상과 하루 종일 해가 뜨지 않는 극야 현상이 주기적으로 반복됨	
구분	북극	북극점을 중심으로 북극해가 있으며, 유라시아, 북아메리카, 그린란드에 둘러싸여 있음
	남극	• 지구 육지 면적의 약 10%를 차지할 정도로 넓음 • 거대한 빙하가 덮여 있는 대륙임

▲ 북극의 위치

▲ 남극의 위치

바로학습 1 극지방 구분하기

▶ 정답과 해설 18쪽

(가)   (나)

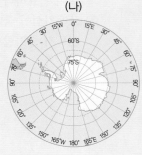

(1) (가), (나) 지역의 이름을 써 보세요.

(가) _____ (나) _____

(2) 다음 설명이 (가), (나) 중 어디에 해당하는지 기호를 써 보세요.

> • 지구 육지 면적의 약 10%를 차지할 정도로 넓다.
> • 거대한 빙하로 덮여 있다.

---

2 극지방의 중요성

공통	풍부한 자원	극지방에는 석유, 천연가스 등 화석 연료를 비롯한 다양한 지하 자원과 수산 자원이 풍부함
	생물 다양성	• 다양한 생물종이 극지방의 자연환경에 적응하며 살아가고 있음 → 해양 생태계 연구의 장으로서 가치가 큼 • 극지방의 생명 자원을 활용하여 신약과 신소재 등을 개발함
북극		• 북극권은 항공 및 선박 운항에서 중요한 역할을 함 • 북동 항로를 이용하면 기존 항로보다 운항 시간과 연료비를 줄일 수 있음 • 우리나라의 북극 다산 과학 기지가 있음
남극		• 빙하를 통해 과거의 지구 환경과 기후변화를 연구함 • 우리나라의 남극 세종 과학 기지, 남극 장보고 과학 기지가 있음

▲ 북동 항로와 기존 항로 비교

▲ 남극의 장보고 과학 기지

2 극지방의 지역 개발과 다양한 이해관계

1 영유권 갈등 핵심 point 극지방 개발을 둘러싼 다양한 이해관계를 알아야 해요.

북극해	• 북극해에 매장된 석유, 천연가스, 광물 자원의 개발을 둘러싸고 러시아, 미국, 노르웨이 등 북극해에 인접한 국가들이 영유권을 주장하고 있음 • 대한민국, 중국 등 북극해의 자원을 공동으로 개발하고 이용하고자 하는 여러 국가들의 입장까지 더해짐
남극 대륙	• 특정 국가가 소유하지 않은 채 세계의 여러 국가가 남극 조약을 맺어 공동으로 관리함 • 과학적인 연구와 남극이 개발될 것을 대비한 목적으로 많은 국가가 연구 기지를 두고 있음 • 남극의 빙하가 녹아 접근성이 높아지면 자원 탐사와 개발을 둘러싼 갈등이 발생할 가능성이 높음

북극해 영유권 주장 지역
■ 미국 ■ 러시아
■ 캐나다 ■ 러시아·캐나다 분쟁 지역
■ 덴마크 ■ 러시아·덴마크 분쟁 지역
■ 노르웨이

---- 중간선
—— 영해 경계선
------ 연안에서 200해리

(디르케 세계 지도, 2023)

남극 조약은 남극에서의 평화적인 활동과 과학적 연구를 목적으로 체결된 국제 조약입니다. 2024년 기준으로 57개국이 가입되어 있어요. 이 조약은 남극에서의 군사 활동, 원자력 활동을 금지하고 있어요.

▲ 남극 조약 초기 참여국의 국기(남극 맥머도 기지)

2 지역 개발과 환경 오염을 둘러싼 갈등

북극해	• 최근 북극해에 개발을 위한 쇄빙선이 많이 드나들면서 환경 오염이 발생 • 북극해의 빙하가 녹는 속도가 빨라져 해수면 상승이 가속화됨 • 북극곰의 서식처가 줄어드는 등 생태계의 다양한 변화가 일어나고 있음
남극 대륙	• 남극 대륙의 연구 기지가 세워지고 사람들의 출입이 잦아지면서 자연환경이 오염됨 • 남극 생태계에서 중요한 역할을 하는 크릴새우를 잡는 어업 활동이 늘어나면서 개체 수가 줄어들고 있음

바로학습 2 **북극해 영유권 분쟁 파악하기** ▶ 정답과 해설 18쪽

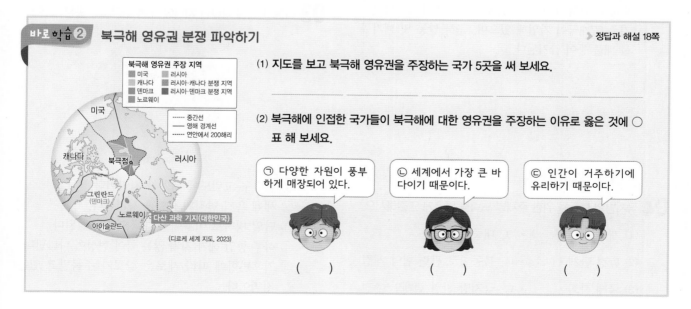

북극해 영유권 주장 지역
■ 미국 ■ 러시아
■ 캐나다 ■ 러시아·캐나다 분쟁 지역
■ 덴마크 ■ 러시아·덴마크 분쟁 지역
■ 노르웨이

---- 중간선
—— 영해 경계선
------ 연안에서 200해리

(디르케 세계 지도, 2023)

(1) 지도를 보고 북극해 영유권을 주장하는 국가 5곳을 써 보세요.

(2) 북극해에 인접한 국가들이 북극해에 대한 영유권을 주장하는 이유로 옳은 것에 ○ 표 해 보세요.

㉠ 다양한 자원이 풍부하게 매장되어 있다.

㉡ 세계에서 가장 큰 바다이기 때문이다.

㉢ 인간이 거주하기에 유리하기 때문이다.

( )   ( )   ( )

탄탄 문제

01 다음 설명이 맞으면 ○표, 틀리면 ×표 하시오.

(1) 극지방은 위도 60° 이상의 고위도 지역에 위치한다. ( )

(2) 북극 지역에서는 백야 현상과 극야 현상이 주기적으로 나타난다. ( )

(3) 남극은 유라시아, 북아메리카, 그린란드에 둘러싸여 있다. ( )

02 다음 설명에 알맞은 말에 ○표 하시오.

극지방에는 일 년 내내 해가 지지 않는 (백야 / 극야) 현상과 일 년 내내 해가 뜨지 않는 (백야 / 극야) 현상이 나타난다.

03 초성을 참고하여 빈칸에 들어갈 알맞은 단어를 쓰시오.

□ㄴㄱ □ㅈㅇ은/는 남극 지역에서의 평화적인 활동과 과학적 연구를 위해 체결되었다. 2024년 기준 57개국이 가입해 있으며, 군사 활동 및 폐기물 배출 등이 금지된다.

04 극지방의 보존을 위한 주체별 노력을 바르게 연결하시오.

(1) 개인 ·　　· ㄱ. 대중교통 이용

(2) 환경 단체 ·　　· ㄴ. 북동항로 관련 협약 체결

(3) 국제 사회 ·　　· ㄷ. 극지방 관련 캠페인 추진

쑥쑥 문제

01 남극에 대한 옳은 설명만을 보기에서 고른 것은?

보기
ㄱ. 해빙과 바다로 구성되어 있다.
ㄴ. 백야 현상과 극야 현상이 나타난다.
ㄷ. 지구 육지 면적의 10%를 차지할 정도로 넓다.
ㄹ. 많은 국가들이 과학적 연구를 위해 남극에 기지를 설치해 연구 활동을 수행 중이다.

① ㄱ, ㄴ　② ㄴ, ㄷ　③ ㄷ, ㄹ
④ ㄱ, ㄴ, ㄹ　⑤ ㄴ, ㄷ, ㄹ

02 빈칸에 들어갈 알맞은 명칭으로 옳은 것은?

우리나라의 북극 (　　) 과학 기지는 2002년 4월 29일에 국내 최초로 건설된 과학 기지이다. 이곳에서는 지구 환경과 생태계를 연구하고, 해양 주변에 매장된 자원을 탐사하는 센터로서 중요한 역할을 하고 있다.

① 다산　② 세종　③ 해양
④ 나로　⑤ 장보고

03 다음 지도에 나타난 지역에 대한 설명으로 옳은 것은?

① 남반구 고위도에 위치한 지역이다.
② 세계 육지 면적의 10%를 차지한다.
③ 단일 빙하로 이루어진 대륙으로 구성된다.
④ 하루 종일 해가 지지 않는 극야 현상이 나타난다.
⑤ 기후변화에 따라 새로운 항로가 주목받고 있는 지역이다.

04 다음 글에 나타난 지역에 대해 추론한 내용으로 가장 적절한 것은?

> 북극해를 통과해 아시아와 유럽을 연결하는 항로이다. 기후변화로 극지방의 빙하가 녹고 바다의 면적이 늘어나며 나타났다. 해당 항로의 등장으로 고위도 지역에 위치한 국가들의 시선이 집중되고 있다.

① 국제 무역량이 감소할 것이다.
② 생물종 다양성이 증가할 것이다.
③ 해운 물류 경쟁력이 감소할 것이다.
④ 선박의 연료비와 운송 기간이 증가할 것이다.
⑤ 인접 국가들의 영유권 분쟁이 증가할 것이다.

05 다음 지도에 나타난 지역에 대한 설명으로 옳지 않은 것은?

① 남위 60° 이상 지역에 위치한다.
② 우리나라의 세종 과학 기지가 건설되어 있다.
③ 미국, 캐나다 등의 영유권 분쟁이 발생하고 있다.
④ 천연가스, 니켈 등 지하자원 매장량이 풍부하다.
⑤ 이곳의 빙하는 과거 지구 환경과 기후변화를 연구하는데 중요한 역할을 한다.

06 다음 중 극지방에서 나타나고 있는 변화로 옳은 것은?

① 평균 해수면 하강
② 극지방 항로 개척
③ 자원 생산량 감소
④ 빙하의 면적 증가
⑤ 생물종 다양성 증가

도전!!

07 다음 글에 나타난 국제 협약에 대한 설명으로 옳지 않은 것은?

> 1959년 발효된 조약으로 2024년 현재 57개국이 가입해 있다. 극지방에서의 군사 활동, 폐기물 배출 등을 금지하고 있으며, 약 60여 년 동안 극지방의 안보와 평화에 기여하고 있다.

① 남극 조약에 대한 설명이다.
② 해당 지역의 과학적 연구를 보장한다.
③ 가입국들은 상호 협력 관계를 지향한다.
④ 해당 지역에서의 원자력 발전을 권장한다.
⑤ 가입국은 해당 지역에 대한 권리를 포기한다.

도전!!

08 다음 글의 밑줄 친 ㉠의 이유로 옳은 것은?

세계 여러 국가는 ㉠ 남극에 과학 기지를 세워 운영하고 있으며, 우리나라도 장보고 과학 기지를 건설하여 연구를 진행하고 있다.

① 군사 활동을 수행하기 위해서이다.
② 사람이 살기에 유리한 환경이기 때문이다.
③ 광물 자원, 화석 연료 연구와는 관련성이 없다.
④ 기후변화와 환경 변화 연구에 중요하기 때문이다.
⑤ 비정부 기구의 활동 근거지로 이용되기 때문이다.

서술형

09 다음 자료를 보고 북극해 영유권을 주장하는 국가들의 공통점을 쓰고, 북극해를 둘러싼 갈등이 발생하는 이유를 서술하시오.

(디르케 세계 지도, 2023)

01 다음은 사회 수행 평가 답안지이다. 학생이 받은 점수는?

<사회 수행 평가>

1학년 ○반 이름: ○○○

오세아니아에 대한 설명이 맞으면 ○표, 틀리면 ×표 하시오. (문항당 1점)

문항 번호	문제	답
1	대체로 한대 기후가 나타난다.	×
2	키리바시, 투발루 등의 섬나라를 포함한다.	×
3	캔버라, 웰링턴 등의 행정 수도가 있다.	×
4	대부분의 지역이 우리나라와 계절이 반대로 나타난다.	○

① 0점　② 1점　③ 2점　④ 3점　⑤ 4점

주관식

02 다음 글의 ㉠~㉣ 중 옳지 <u>않은</u> 설명을 골라 기호를 쓰시오.

오스트레일리아는 국토 면적이 넓어 다양한 기후와 지형이 나타난다. 동부 지역에는 ㉠ 남알프스산맥이 나타나며 중부 지역에는 ㉡ 대찬정 분지가 나타난다. 또한 서부 지역에서는 ㉢ 그레이트빅토리아 사막 등 건조 기후와 관련한 지형들을 관찰할 수 있다. 최근 수려한 자연 경관과 독특한 문화를 인정받아 ㉣ 생태 관광지로 부상하고 있다.

03 다음 설명에 해당하는 도시는?

오페라 하우스, 하버 브리지 등 유명 관광 명소가 모여 있는 오스트레일리아의 최대 관광 도시이자, 인구가 가장 많은 도시이다.

① 멜버른　② 시드니　③ 캔버라
④ 웰링턴　⑤ 오클랜드

04 오스트레일리아의 자원에 대한 설명으로 옳은 것은?

① 쌀과 보리를 주로 수출한다.
② 석탄과 철광석의 생산량이 많다.
③ 주요 수출품으로는 플랜테이션 작물이 있다.
④ 관광 자원은 풍부하지만 지하자원은 부족하다.
⑤ 침엽수림 지대가 발달해 목재와 펄프를 많이 생산한다.

05 다음 글에 해당하는 국가를 지도의 A~E에서 고른 것은?

국토 전체의 평균 해발 고도가 4m도 되지 않는 이 국가는 해수면 상승으로 인해 국토가 바닷물에 잠기면서 국가가 사라질 위기에 처해 있다.

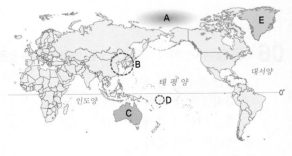

① A　② B　③ C　④ D　⑤ E

06 다음 지도와 관련된 설명으로 옳지 <u>않은</u> 것은?

(미국 해양 대기청, 2023)

① 지구 온난화가 주요 원인이다.
② 해류와 바람에 의해 형성되었다.
③ 주변국 주민들의 건강을 위협하고 있다.
④ 어업, 양식업, 관광산업에도 피해를 준다.
⑤ 해양 생태계에 부정적인 영향을 끼치고 있다.

07 다음 사진에 나타난 태평양 지역의 환경 문제가 미치는 영향으로 옳은 것은?

① 해양 생태계 파괴
② 북극해 면적 증가
③ 북극곰 서식지 감소
④ 자외선 투과량 증가
⑤ 온실가스 배출 증가

08 태평양 지역의 환경 문제 해결을 위한 국제 사회의 노력으로 옳은 것은?

① 대중교통 이용하기
② 국제 협약 체결하기
③ 친환경 제품 생산하기
④ 플라스틱 제품 사용 줄이기
⑤ 안 쓰는 전기 플러그 뽑아 두기

09 극지방에 대한 설명으로 옳지 <u>않은</u> 것은?

① 주로 한대 기후가 나타난다.
② 자원이 희소하여 개발 가치가 낮다.
③ 최근 극지방 빙하의 양이 감소하고 있다.
④ 여러 국가의 과학 기지가 건설되어 있다.
⑤ 북극해에 대한 영유권 분쟁이 발생할 수 있다.

10 (가), (나) 지역에 대한 설명으로 옳은 것은?

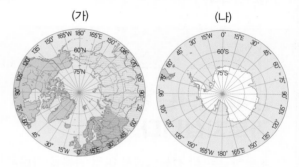

(가)   (나)

① (가)는 남극, (나)는 북극이다.
② (나)는 해빙과 바다로 구성되어 있다.
③ (가)에 대한 국제 조약이 체결되었다.
④ (나)에는 우리나라의 다산 과학 기지가 있다.
⑤ 현재 (가)에서는 영유권을 둘러싼 갈등이 나타나고 있다.

11 극지방의 개발과 보존에 대한 설명으로 옳지 <u>않은</u> 것은?

① 북극은 지하자원 매장량이 풍부하다.
② 남극 조약은 극지방 보존에 기여할 수 있다.
③ 북동 항로는 기존 항로보다 운항 시간이 짧다.
④ 남극에서는 특정 국가의 연구 기지 건설이 불가능하다.
⑤ 러시아, 캐나다는 북극에 대한 영유권을 주장하고 있다.

예비 중학생이 알아야 할 중학교 생활!

수업 시간이 늘어납니다.

중학교에서는 초등학교 수업시간보다 5분 더 추가되어 한 교시에 **45분 수업**을 합니다. 쉬는 시간은 초등학교와 마찬가지로 **10분**이 주어집니다.

학교마다 정해진 교복을 입습니다.

겨울에는 따뜻한 **동복**, 여름에는 시원한 **하복**, 교복보다 편안한 **생활복** 등 학교 고유의 디자인으로 만들어진 교복을 입게 됩니다.

과목별 담당 선생님께서 가르치십니다.

초등학교는 한 선생님께서 여러 과목을 가르치시지만, 중학교부터는 과목마다 가르치시는 선생님이 다릅니다. 첫 수업시간에 선생님의 얼굴과 성함, 담당 과목을 잘 기억해 두세요!

영어쌤   국어쌤   수학쌤   사회쌤

배우는 과목이 다양해집니다.

중학교에서는 국어, 영어, 수학, 사회, 과학, 역사, 도덕, 음악, 미술, 체육, 기술가정 등 초등학교보다 더 다양한 교과목을 배우게 됩니다. 공통적으로 배우는 교과목 외에도 학교마다 다른 과목이 개설되어 운영됩니다. 학교알리미 또는 학교 누리집을 통해 학교에 개설된 과목들을 확인해 보세요.

중학생 필수
용어 사전

OMR 카드

중학교부터는 답을 시험지가 아닌 **OMR 카드**에 쓰게 됩니다.
OMR 카드에 컴퓨터용 사인펜을 이용하여 답을 체크한 후 제출하면 컴퓨터가 점수를 채점하는데요.
문제를 올바르게 풀었더라도 마킹을 실수하거나 답이 밀렸을 경우 감점이 되니 미리 연습해보길 추천해요!

수행평가

수행평가는 수업 과정 중에 실습이나 프로젝트 등 문제 해결 능력과 창의성 등을 평가하는 건데요.
예를 들면 국어 글쓰기, 영어 말하기, 과학 실험 등이 있어요. 과목마다 마감 일정이나 평가 방식이
다르기 때문에 과목별 수행평가 일정을 놓치지 않도록 잘 체크하세요!

내신

중학교에서는 보통 1, 2학기 중간고사, 기말고사를 치뤄서 1년에 총 4번의 시험을 봅니다.
여기에 수행평가, 영어듣기 평가, 학습태도, 숙제 등 학교에서 하는 모든 공부의 결과를 합산하여 '**내신**'
성적을 산출합니다.

학교스포츠클럽 (SC)

중학교에서는 학생들의 체육 취미활동을 장려하기 위해 다양한 종류의 **스포츠클럽**을 운영합니다.
축구, 농구, 야구, 배드민턴, 테니스, 배구, 수영 등 학생들의 흥미에 따라 자발적으로 참여할 수 있습니다.
전국에서 학교스포츠클럽 대회도 열리니 관심을 갖고 참여해 보세요!

세계국가(도시) 빙고판

아시아

유럽

아프리카

아메리카

오세아니아

한판 더!

규칙 1 대륙별 3x3칸 안에 국가명(또는 도시명) 중복 없이 하나씩만 넣기!

규칙 2 서로 번갈아가며 국가명(또는 도시명)을 불러서 가로, 세로, 대각선 방향으로 세 줄을 먼저 만들면 승리!

필수 따라하기만 하면 된다!!

세계 지도
워크북

세계의 여러 지형

그린란드

대 서 양

로키산맥

북극해

매켄지강

멕시코고원

태 평 양

남극대륙

안 데 스 산 맥

인 도 양

대 서 양

북극해

그레이트디바이딩산맥

대찬정분지

그레이트빅토리아사막

고비사막

양쯔강

황허강

히말라야산맥

메콩강

데칸고원

나일강

사 하 라 사 막

지중해

티그리스강

아라비아반도

유프라테스강

카스피해

흑해

동유럽평원

스칸디나비아반도

회색 글씨를 따라 쓰면서 세계의 다양한 국가의 위치를 익혀 보세요.

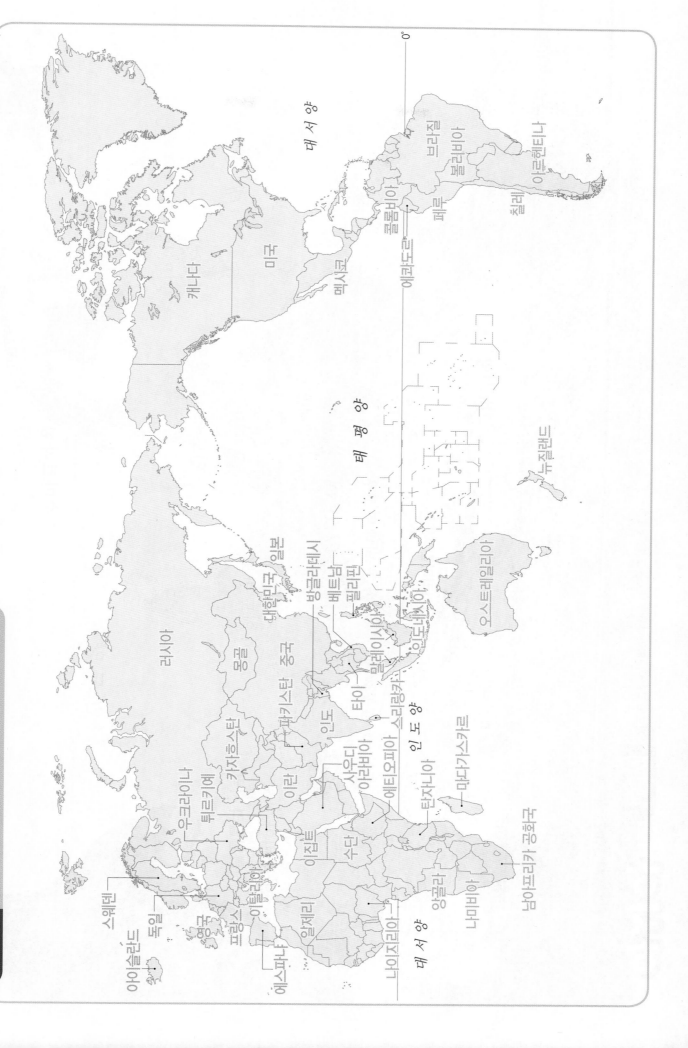

대 서 양

태 평 양

인 도 양

대 서 양

0

아이슬란드

스웨덴

독일

영국

프랑스

이탈리아

에스파냐

알제리

나이지리아

말리

앙골라

나미비아

남아프리카 공화국

마다가스카르

탄자니아

에티오피아

소말리아

수단

이집트

사우디아라비아

이란

이라크

카자흐스탄

우크라이나

튀르키예

러시아

몽골

파키스탄

인도

중국

대한민국

일본

타이

필리핀

베트남

말레이시아

인도네시아

오스트레일리아

뉴질랜드

캐나다

미국

멕시코

콜롬비아

에콰도르

페루

브라질

볼리비아

칠레

아르헨티나

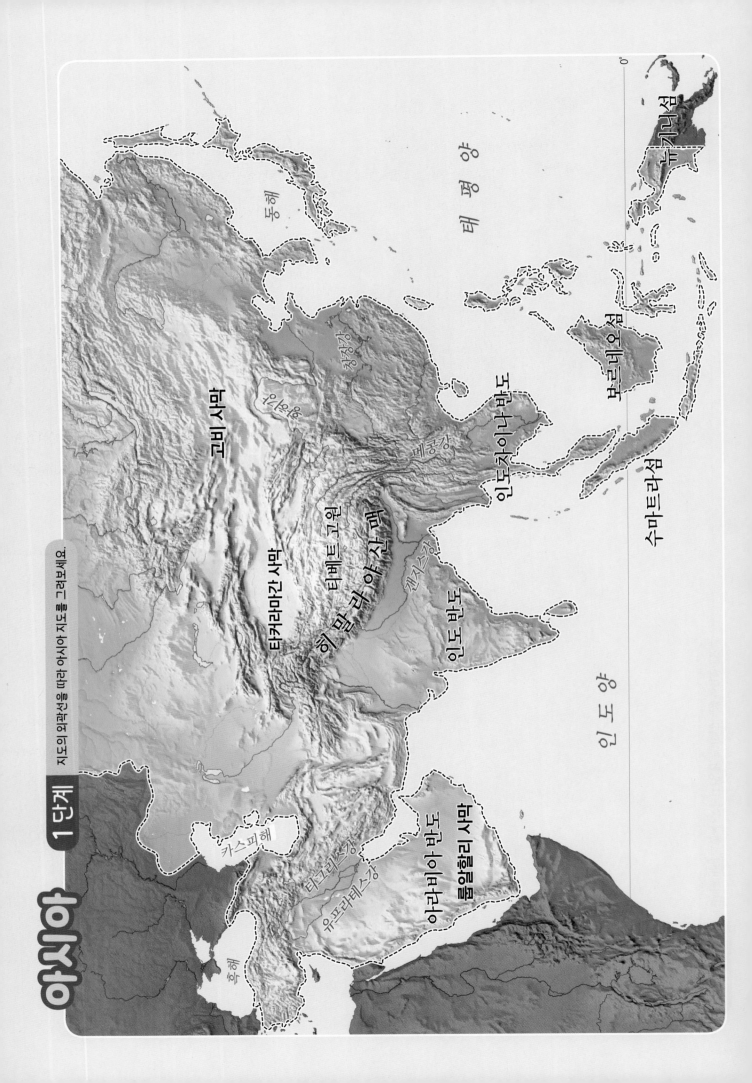

아시아

고비 사막

타클라마칸 사막

황허강

티베트 고원

히말라야산맥

카스피해

유프라테스강

티그리스강

메소포타미아 아라비아반도

홍해

인도반도

갠지스강

메콩강

인도차이나반도

보르네오섬

수마트라섬

뉴기니섬

동해

태 평 양

인 도 양

0°

색 글씨를 따라 써보면서 아시아의 국가와 주요 도시의 위치를 익혀보세요

아시아

유럽

태 평 양

인 도 양

동해

대한민국
서울

일본
도쿄

베이징

상하이

중국

몽골

러시아

필리핀

베트남
호찌민

캄보디아

타이
방콕

라오스

미얀마

인도네시아

자카르타

싱가포르

말레이시아

양곤

다카

방글라데시

네팔

인도

뉴델리

스리랑카

파키스탄

아프가니스탄

투르크메니스탄

우즈베키스탄

카자흐스탄

카스피해

이란

카타르
도하

아랍 에미리트

사우디아라비아

이라크

시리아

이스라엘

튀르키예

흑해

0°

유럽

1 단계 지도의 외곽선을 따라 유럽 지도를 그려보세요.

스칸디나비아산맥
우랄산맥
동유럽 평원
북해
북독일 평원
라인강
프랑스 평원
알프스산맥
대서양
피레네산맥
흑해
카스피해
지중해

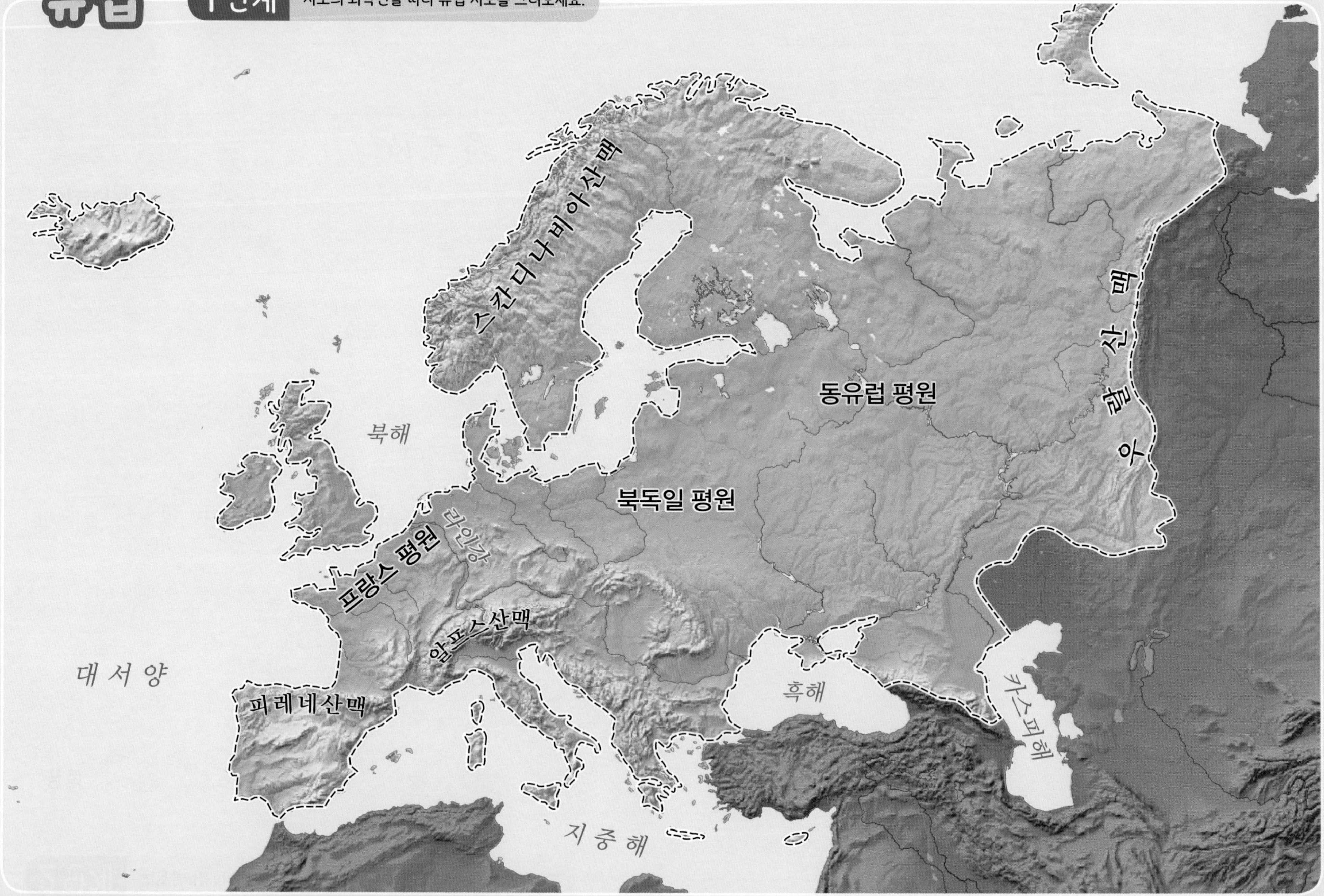

회색 글씨를 따라 쓰면서 유럽의 국가와 주요 도시의 위치를 익혀보세요.

아시아

카스피해

러시아

모스크바

흑해

핀란드

헬싱키

벨라루스

우크라이나

스웨덴

스톡홀름

폴란드

루마니아

불가리아

아프리카

그리스

아테네

지 중 해

노르웨이

베를린

독일

체코

오스트리아

헝가리

스위스

슬로베니아

이탈리아

로마

북 해

네덜란드

벨기에

파리

프랑스

영국

런던

포르투갈

마드리드

에스파냐

아일랜드

아이슬란드

대 서 양

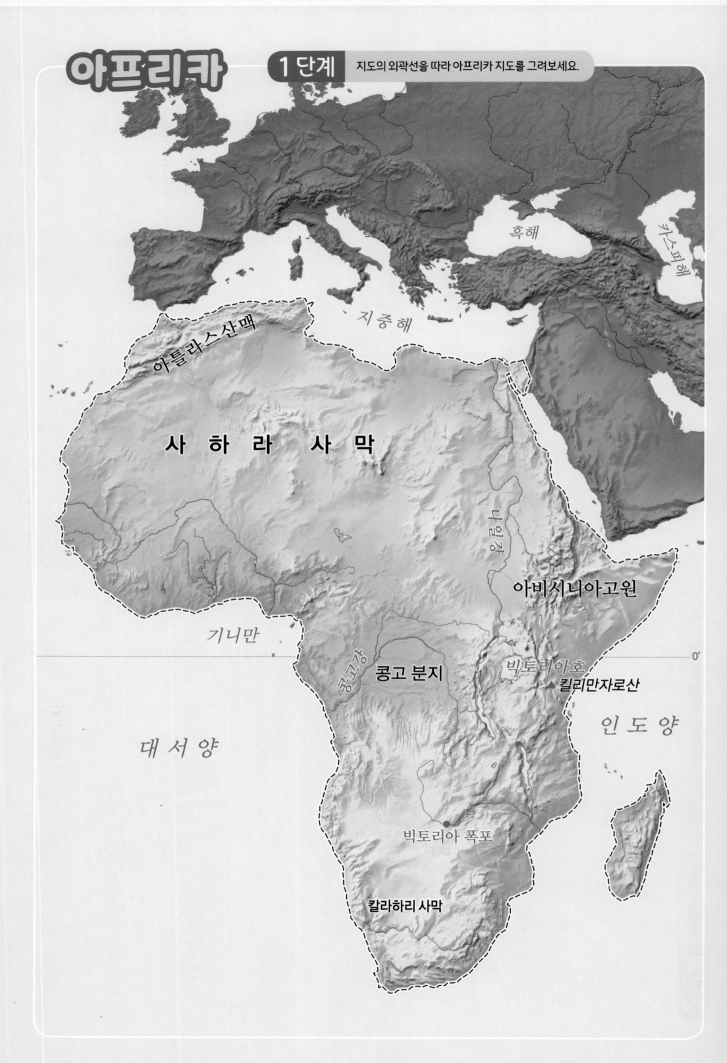

흑해

카스피해

지중해

아틀라스산맥

사 하 라 사 막

나일강

아비시니아고원

기니만

콩고강

콩고 분지

빅토리아호

킬리만자로산

0°

대 서 양

인 도 양

빅토리아 폭포

칼라하리 사막

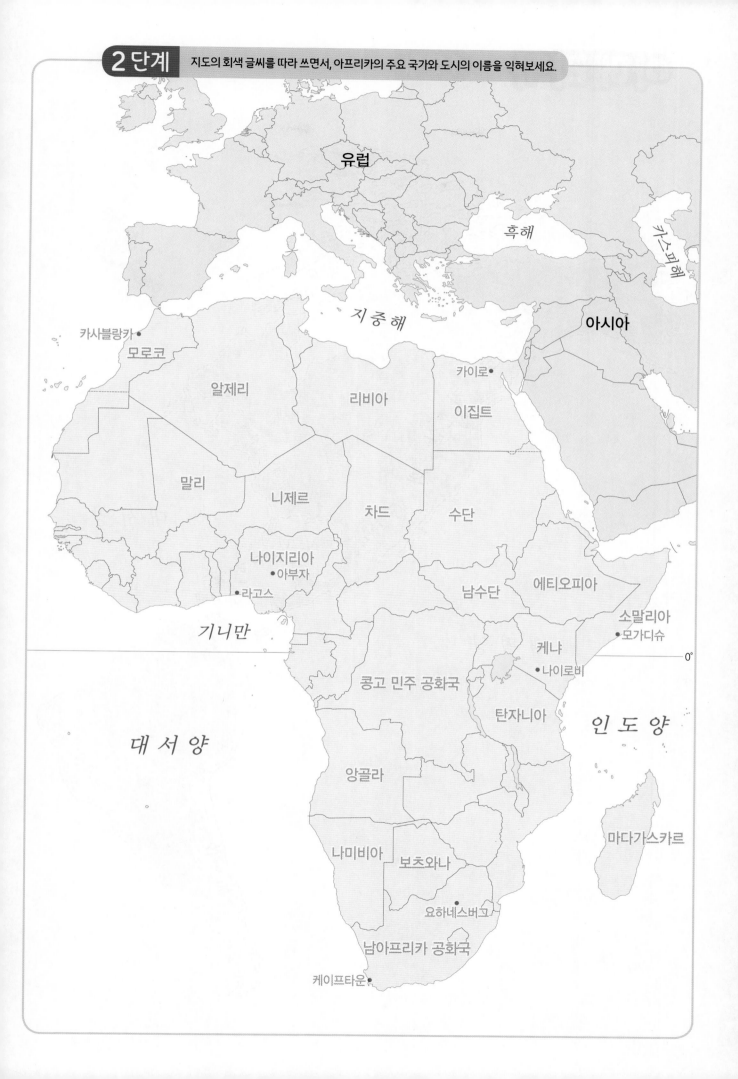

유럽

흑해

카스피해

지중해

아시아

카사블랑카•

모로코

카이로•

알제리

리비아

이집트

말리

니제르

차드

수단

나이지리아

•아부자

•라고스

남수단

에티오피아

소말리아

•모가디슈

기니만

케냐

•나이로비

0°

콩고 민주 공화국

탄자니아

인도양

대서양

앙골라

마다가스카르

나미비아

보츠와나

요하네스버그•

남아프리카 공화국

케이프타운•

아메리카

로키산맥

오대호

나이아가라 폭포

애팔래치아산맥

미시시피강

리오그란데강

멕시코만

카리브해

대 서 양

태 평 양

0°

아마존강

안데스산맥

브라질고원

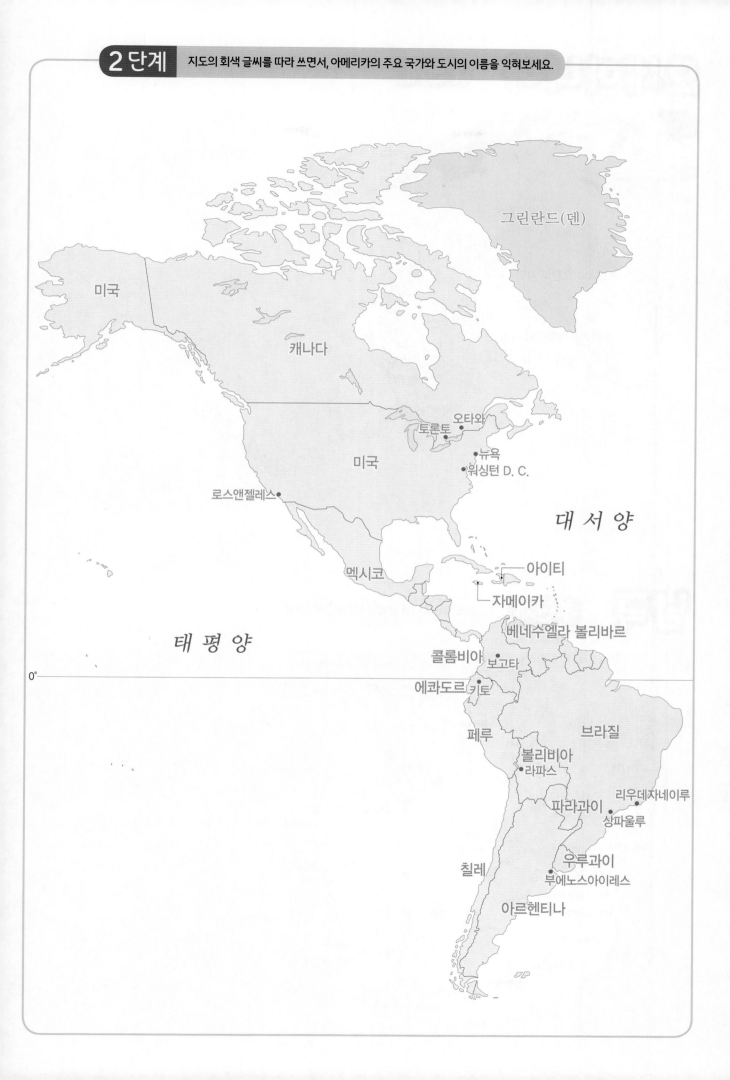

그린란드(덴)

미국

캐나다

토론토 오타와

뉴욕

워싱턴 D. C.

미국

로스앤젤레스

대 서 양

멕시코

아이티

자메이카

베네수엘라 볼리바르

태 평 양

콜롬비아

보고타

에콰도르 키토

0°

페루

브라질

볼리비아

라파스

리우데자네이루

파라과이

상파울루

우루과이

칠레

부에노스아이레스

아르헨티나

오세아니아

1 단계 지도의 외곽선을 따라 오세아니아의 지도를 그려보세요.

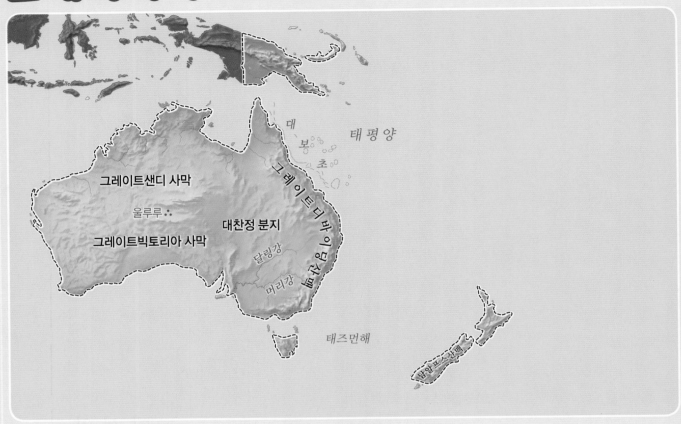

그레이트샌디 사막

울루루

그레이트빅토리아 사막

대찬정 분지

달링강

머리강

대

봉

초

태 평 양

그레이트디바이딩산맥

태즈먼해

남알프스산맥

남극

1 단계 지도의 외곽선을 따라 남극의 지도를 그려보세요.

태 평 양

킹조지섬

세종 과학 기지 (대한민국)

파머(미)

로데라(영)

시그니(영)

오르카다스(아르)

아문센해

서스틴섬

알렉산더섬

남극반도

에스페란자(아르)

60°S

엘즈워스랜드

파머랜드

남 극 해

루스카야(러)

마리버드랜드

빈슨산 4890

웨들해

70°S

시들리산 4181

버그너섬

벨그라노(아르)

120°W

60°W

핼리(영)

루스벨트섬

코츠랜드

로스해

아보아(핀)

노이마이어(러)

장보고 과학 기지 (대한민국)

스콧(뉴)

아문센-스콧(미)

남극점

쾨넨(독)

맥머도(미)

30°E

퀸모드랜드

마이트리(인)

레닌그라드스카야(러)

노블라자렙스카야(러)

빅토리아랜드

120°E

90°E

60°E

쿤룬(중)

아델리랜드

보스토크(러)

멘지스산 3355

미즈호(일)

뒤몽뒤르빌(프)

쇼와(일)

엔더비랜드

윌크스랜드

태산(중)

몰로데즈나야(러)

퀸메리랜드

모즌(오스)

케이시(오스)

중산(중)

데이비스(오스)

인 도 양

미르니(러)

올바른 사회 개념은 **옳소**, 예비 중1을 위한 **올쏘**!

예비 중학 사회

정답과 해설

동아출판

정답과 해설

Ⅰ 세계화 시대, 지리의 힘

01 모자이크 세계

01 ㉠ 적게, 낮다 ㉡ 많이, 높다
02 (1) ㉠ 몽골 ㉡ 페루 ㉢ 그리스
　　(2) **예시 답안** ㉠ 유목민 ㉡ 잉카 문명 ㉢ 올리브

01 (1) ○ (2) × (3) ×　　**02** 높아, 얇은, 고상 가옥
03 게르　　**04** 페루

01 ①　**02** ②　**03** ⑤　**04** ②　**05** ④　**06** ⑤　**07** ①
08 해설 참조

01 ㄱ. 지역의 위치에 따라 지형과 기후 등 자연환경과 그에 따른 인문환경이 다르므로 지역성은 다르게 나타난다. ㄴ. 지역성은 다른 지역과 구별되는 지역의 특성을 말한다.
왜 틀렸지? ㄷ. 인구는 인문환경에 해당한다. 인문환경은 인간 활동의 결과를 토대로 만들어진 환경으로, 인구, 산업, 종교, 언어 등이 이에 해당한다.
ㄹ. 기후가 같더라도 지역에 따라 지역성이 다르게 나타날 수 있다.

02 같은 위도에 있더라도 해발 고도, 해류 등 다양한 요인에 따라 기후가 다르게 나타날 수 있다. 예를 들어 적도 부근의 저지대에서는 대체로 열대 기후가 나타나지만, 적도 부근에 위치해 있지만 해발 고도가 높은 지역에서는 일 년 내내 온화한 기후가 나타난다.

03 제시된 사진은 베트남의 음식 문화 중 하나인 쌀국수이다. 베트남은 기온이 높고 강수량이 많아 벼농사가 발달하였다. 이에 따라 쌀을 이용한 음식 문화가 발달하였다.
더 알려 줄게 베트남을 비롯하여 계절풍의 영향을 받는 열대 및 온대 기후에 속한 아시아 일부 지역에서는 벼농사가 활발하다.

04 제시된 그림은 위도에 따라 태양 에너지를 받는 양이 다름을 나타낸 것이다. 위도가 낮은 적도 부근은 태양 에너지를 가장 많이 받아 기온이 높고, 위도가 높은 극지방으로 갈수록 태양 에너지를 적게 받아 기온이 낮아진다.
왜 틀렸지? ㄴ. 고위도에서 저위도로 갈수록 기온은 높아진다.
ㄹ. 이글루는 고위도 지역 사람들의 생활 모습이다.

05 (가)는 그리스의 산토리니, (나)는 몽골의 초원 지대의 모습이다.
더 알려 줄게 그리스의 산토리니에서는 여름철 뜨거운 햇빛을 반사하기 위해 가옥의 벽을 하얀색으로 칠한 모습을 볼 수 있다. 건조한 기후가 나타나는 몽골에서는 유목민들이 생활하는 이동식 가옥인 게르를 볼 수 있다.

06 (가) 그리스 산토리니는 여름이 덥고 건조한 온대 기후가 나타나며, (나) 몽골에서는 건조 기후가 나타난다.

07 A는 이집트, B는 그리스, C는 몽골이다. 이집트는 건조 기후 지역으로, 사막의 열기와 모래바람을 막기 위해 온몸을 감싼 길고 헐렁한 의복이 발달했다.
더 알려 줄게 그리스는 온대 기후 중에서도 여름이 덥고 건조한 기후가 나타난다. 그래서 덥고 건조한 날씨에도 잘 자라는 포도와 올리브 등을 재배하는 농업이 활발하다. 몽골은 건조 기후가 나타나며, 넓은 초원에서 유목 생활하는 유목민들을 볼 수 있다.

08 **예시 답안** • 자연환경: 건조 기후가 나타난다.
• 인문환경: 모래바람과 열기를 막기 위해 길고 헐렁한 옷을 입는다.
꼭 써야 하는 단어 건조 기후, 길고 헐렁한 옷

02 네트워크 세계

01 **예시 답안** 해외의 물건을 직접 구매할 수 있게 되었다. 또는 전 세계 사람들과 실시간으로 소통할 수 있게 되었다. 등

01 통신　　**02** (1) 빨라 (2) 증가
03 공간적 상호 작용　　**04** (1) ○ (2) × (3) ×

01 ②　**02** ⑤　**03** ③　**04** ①　**05** ③　**06** ④
07 (1) 네트워크 (2) 해설 참조

01 자료는 항공 노선의 연결이 증가한 것을 보여 주고 있다. 항공 네트워크의 변화를 보여 주는 자료를 통해 교통수단의 발달로 사람과 물자가 다른 지역으로 더 빠르고 편리하게 이동할 수 있게 되었음을 알 수 있다.
왜 틀렸지? ㄴ. 1935년과 비교하여 2018년의 항공 노선은 늘어났다.
ㄷ. 항공 교통의 발달로 1935년과 비교하여 2018년에 국경을 초월한 이동은 증가하였다.

02 교통의 발달로 생활 공간의 범위가 넓어졌고 다른 지역으로의 접근성이 증가했으며, 이에 따라 지역 간 공간적 상호 작용이 더욱 증가하였다.

03 교통과 통신 기술의 발달로 장소 간 이동에 필요한 시간이 줄어들면서 공간적 상호 작용은 더욱 활발해지고 있다.

왜 **틀렸지?** ㄱ. 공간적 상호 작용은 사람, 물자, 정보 등의 교류를 뜻한다.

ㄹ. 지역의 공간적 제약이 감소하면서 공간적 상호 작용이 증가한다.

04 그림은 정보 통신 기술의 발달을 보여 주며 인터넷을 통해 세계 사람들이 실시간으로 소통하고 있다.

왜 **틀렸지?** ㄴ. 온라인 상점 등을 통해 외국의 상품을 직접 구매하는 해외 직접 구매는 증가하고 있다.

ㄹ. 인터넷, 스마트폰의 발달로 과거보다 많은 양의 정보가 빠르게 공유되고 있다.

05 제시된 자료를 통해 자동차 제조에 있어 한 지역에서 문제가 발생하면 전체 생산에 영향을 미칠 수 있다는 것을 알 수 있다. 이는 세계 여러 지역이 하나로 연결된 네트워크 세계를 보여 준다.

06 제시된 그래프를 통해 우리나라 해외 직접 구매 규모가 꾸준히 증가하고 있음을 알 수 있다. 이러한 해외 직접 구매는 교통·통신 기술의 발달로 이루어지게 되었다. 특히 스마트폰의 등장으로 소비자가 언제 어디서든 해외 상품을 탐색하고 구매를 할 수 있게 되면서 해외 직접 구매는 과거보다 더욱 활발히 이루어지고 있다.

왜 **틀렸지?** 소윤 – 해외 직접 구매란 국내 소비자가 온라인 상점 등을 통해 외국의 상품을 직접 구매하는 행위를 말한다.

수현 – 교통과 정보 통신 기술의 발달로 사람, 물자 등이 이동할 수 있는 공간적 범위는 증가하고 있다.

07 (1) 네트워크

(2) **예시 답안** 스마트폰을 만들기 위해 필요한 여러 부품들을 세계 각 지역에서 공급받는다.

○3 세계는 하나로, 지역은 세계로

바로 학습   16~17쪽

01 ㉠ 긍정적 ㉡ 부정적 ㉢ 긍정적

02 ㉠ 에스파냐 ㉡ 브라질 ㉢ 대한민국 ㉣ 타이

탄탄 문제   18쪽

01 (1) ○ (2) × (3) ×   **02** 경제의 세계화

03 (1) ㄷ (2) ㄱ, ㄴ   **04** (1) ㄷ (2) ㄱ (3) ㄴ

쑥쑥 문제   18~19쪽

01 ⑤ **02** ⑤ **03** ④ **04** ④ **05** ② **06** ② **07** ①

08 ② **09** 해설 참조

01 세계화로 음식, 의복, 음악, 영화, 스포츠 등 다양한 분야의 문화가 빠르게 확산되고 공유되는 과정에서 햄버거, 콜라, 청바지와 같이 전 세계 사람들은 같은 문화를 비슷한 시기에 함께 즐길 수 있게 되었다. 이와 같은 현상을 문화의 세계화라고 한다.

02 문화의 세계화는 교통·통신의 발달로 지역 간의 교류가 증가하여 발생하는 현상이다.

03 제시된 그림은 일상생활 속에서 세계 각 지역의 다양한 상품을 쉽게 구매할 수 있는 상황을 나타낸 것이다. 이는 세계가 하나의 공동체로 통합되어 가는 세계화 현상을 보여 주고 있다. 세계화는 교통·통신 기술이 발달하면서 사람들이 상호 교류하는 범위가 전 세계로 확대되면서 나타나게 되었다.

왜 **틀렸지?** ㄹ. 지역 간의 상호의존성이 높아지면서 발생한다.

04 제시된 글을 세계화로 서양의 의복 문화가 보편화되면서 지역의 전통문화가 약해지고 있는 상황에 대한 것이다. 이것은 문화의 교류가 확대되면서 나타난 현상이다.

05 빈칸에 들어갈 용어는 지역화 전략이다. 지역화 전략은 지역의 고유한 특성을 강조하여 지역의 가치를 높이는 것으로 지역 브랜드, 지리적 표시제, 지역 축제 등이 있다.

06 (가)는 에스파냐에서 열리는 라 토마티나 축제 사진이다. 라 토마티나는 지역의 특산물로 토마토를 던지며 즐기는 축제다. (나)는 콜롬비아에서 생산되는 콜롬비안 커피의 지리적 표시제이다.

더 **알려 줄게** 지리적 표시제는 지역의 생산품이 그 지역의 지리적 특성을 반영한 것임을 증명하고 표시하는 제도이다.

07 지도의 A는 에스파냐, B는 타이, C는 대한민국이다. A 지역은 '라 토마티나'라는 토마토를 이용한 축제로 유명하다.

왜 **틀렸지?** ② 송끄란 축제는 타이에서 열리는 축제이다.

③ 갯벌의 머드를 이용한 축제는 C와 관련 있다.

④ 'I amsterdam'은 네덜란드 암스테르담의 지역 브랜드이다.

⑤ 다르질링차는 인도의 지리적 표시제 상품이다.

08 D 지역은 브라질이다. 브라질의 리우데자네이루에서는 리우 카니발이라는 지역 축제가 개최된다. 리우 카니발은 포르투갈의 축제 문화와 아프리카의 전통문화 등이 결합해 만들어진 축제이다.

왜 **틀렸지?** ㄴ. 지역의 특산물을 이용한 축제로는 에스파냐의 라 토마티나 등이 있다.

ㄷ. 교통의 발달로 지역 간 교류가 활발해지면서 지역 축제와 같은 지역화 전략의 중요성이 강조되고 있다.

09 **예시 답안** 해당하는 지역화 전략의 명칭은 지역 브랜드이다. 이는 지역 그 자체나 지역의 상품을 소비자가 특별한 브랜드로 인식하도록 하는 전략이다.

꼭 **써야 하는 단어** | 지역 브랜드

01 ④   02 ②   03 ⑤   04 ③   05 그리스   06 ⑤
07 ①   08 ⑤   09 세계화   10 ③   11 지역 브랜드

01 제시된 글은 지역성을 설명한 것이다. 지역성은 지역의 자연환경과 인문환경이 오랜 시간에 걸쳐 상호 작용하여 형성된다.

02 지역성은 기후, 지형 등 자연환경과 인간이 만든 인문환경에 의해 나타난다. 한 지역 안에서 다양한 지역성이 나타날 수 있으며, 이러한 독특한 지역성을 가진 지역들이 모여 모자이크 세계를 이루고 있다.

  왜 틀렸지? 소희 – 한 지역 안에서는 여러 개의 지역성이 나타날 수 있다.
지호 – 지역성은 그 지역의 지리, 역사, 문화적 배경 속에서 긴 시간에 걸쳐 만들어진다.

03 (가)는 러시아에 대한 설명이다. 러시아의 북극해 연안은 일 년 내내 추운 기후가 나타난다. 이곳에 사는 네네츠족은 순록을 기르는 유목 생활을 하고 있다. (나)는 이집트에 대한 설명이다. 건조 기후가 나타나 사막이 넓게 펼쳐져 있으며, 이곳의 사람들은 사막의 열기와 모래바람을 막기 위해 길고 헐렁한 옷을 입는다.

04 제시된 사진은 몽골에서 볼 수 있는 이동식 가옥인 게르이다. 건조 기후가 나타나는 몽골은 농경에 불리하다. 따라서 이 지역의 주민들은 가축들을 데리고 이동하며 유목 생활을 하고, 이에 따라 설치와 해체가 편리한 가옥이 발달했다.

05 벽을 하얗게 칠한 가옥 모습은 그리스의 산토리니에서 볼 수 있다.

06 제시된 그림은 통신 기술의 발달을 보여 준다. 통신 기술의 발달로 해외 직접 구매의 규모가 증가하고 전 세계 사람들이 실시간으로 소통할 수 있게 되었다. 그 결과, 지역 간 공간적 상호 작용이 증가하고 있다.

07 제시된 자료를 통해 하나의 라면을 만들기 위해 다양한 지역에서 재료를 공급받아야 함을 알 수 있다. 이는 세계 여러 지역이 하나로 연결된 네트워크 세계를 보여 준다.

  왜 틀렸지? 서준 – 지역 간 공간적 제약을 극복하면서 나타났다.
도윤 – 경제, 문화 등 다양한 분야에서 상호 교류가 이루어지고 있다.

08 제시된 글은 문화의 세계화 현상에 대한 것이다. 문화의 세계화는 교통, 통신의 발달로 지역 간 상호연계성이 증가하면서 나타나게 되었다.

  왜 틀렸지? ⑤ 햄버거 등 문화의 세계화로 인해 지역의 전통문화는 정체성이 약화되거나, 때로는 소멸하기도 한다.

09 세계화란 교통·통신 기술의 발달로 사람들이 상호 작용하는 범위가 전 세계로 확대되고 지역과 국가 간의 상호의존성이 커져 세계가 하나로 통합되어 가는 현상이다.

10 (가)는 우리나라에서 열리는 보령 머드 축제, (나)는 타이에서 열리는 송끄란 축제이다. 지역의 자연환경, 지역 특산물, 전통 등을 이용한 지역 축제는 세계 관광객을 유치하여 지역 경제를 활성화하는 효과를 가져온다.

11 지역 브랜드는 지역의 상품과 서비스 등을 특별한 상표로 인식하게 만드는 전략이다. 미국 뉴욕의 'I♥NY', 네덜란드 암스테르담의 'I amsterdam' 등이 대표적인 지역 브랜드이다.

Ⅱ 아시아

01 아시아의 위치와 자연환경

01

02 ㉠ 울란바토르 ㉡ 싱가포르 ㉢ 서울

01 (1) 서남 (2) 중앙 (3) 남부 (4) 동남 (5) 동   02 우랄
03 (1) ㄴ (2) ㄱ (3) ㄷ (4) ㄹ   04 (1) ○ (2) × (3) ×

01 ⑤   02 ④   03 ⑤   04 ⑤   05 ①   06 ④   07 ③
08 ④   09 해설 참조

01 아시아의 국가에는 대한민국, 중국, 일본, 인도네시아, 인도, 카타르 등이 있다. 아시아는 크게 동아시아, 동남아시아, 남부 아시아, 서남아시아, 중앙아시아로 구분할 수 있다.

  왜 틀렸지? ㄱ. 우랄산맥을 기준으로 동쪽을 아시아, 서쪽을 유럽으로 구분한다.
ㄴ. 아시아는 서쪽으로 유럽과 아프리카를 접하고 있다.

더 알려 줄게 아시아는 동쪽으로는 태평양, 남쪽으로는 인도양과 접하고 있다. 유럽과 아시아 대륙을 합쳐서 유라시아 대륙이라고 부른다.

02 중국의 수도이자 제11회 아시안 게임 개최지는 베이징이다.

더 알려 줄게 ① 도하는 페르시아만의 물을 표현한 파란색과 사막의 모래 언덕을 표현한 노란색으로 아시안 게임 상징물을 만들었다.
② 방콕은 아시아(Asia)와 선수(Athlete)를 대표하는 문자 'A'에 기반해 타이를 대표하는 불탑 모양으로 아시안 게임 상징물을 표현했다.
③ 서울은 태극 무늬의 반쪽 3개를 포개어 놓은 모양의 아시안 게임 상징물을 만들었다.
⑤ 자카르타는 '아시아의 에너지'라는 부제로 주 경기장을 하늘에서 내려다본 모습을 형상화하여 아시안 게임의 상징물을 만들었다.

03 도쿄는 일본의 수도이며, 뭄바이는 인도에서 인구가 가장 많은 도시이다. 서울은 대한민국의 수도이자 정치·경제·문화의 중심지이다. 두바이는 아랍 에미리트의 주요 도시이자 금융과 항공의 중심지이다.

왜 틀렸지? ⑤ 사마르칸트는 우즈베키스탄의 도시이다. 실크 로드의 중심지로 동서양의 문화가 교차하던 이곳에는 고대 유물과 유적이 많이 남아 있다.

04 지도에 표시된 A 지형은 히말라야산맥이다. 히말라야산맥은 인도와 중국 사이에 있으며, 해발 고도가 매우 높고 험준한 것이 특징이다.

더 알려 줄게 히말라야산맥에는 세계에서 가장 높은 산인 에베레스트산이 있다.

05 아시아의 기후 분포를 나타낸 지도의 (가)는 열대 기후, (나)는 건조 기후, (다)는 온대 기후, (라)는 냉대 기후, (마)는 한대 기후이다. 열대 기후는 동남아시아와 남부 아시아에서 주로 나타난다.

06 서남아시아와 중앙아시아 일대에서 넓게 나타나는 (나)는 건조 기후이다. 건조 기후 지역에서는 일 년 내내 비가 적게 내리기 때문에 이 지역에 사는 사람들은 가축의 먹이를 찾아 이동하는 유목을 하기도 한다. 건조 기후 지역에는 사막이나 초원이 주로 분포한다.

왜 틀렸지? ① 일 년 내내 추운 기후는 극지방에 분포한다.
② 건조 기후는 토양이 척박하고 물을 구하기 어렵다.
③ 세계적인 벼농사 지대는 계절풍 기후의 영향을 받는 곳이다.
⑤ 바닥을 지면에서 띄운 고상 가옥은 열대 기후나 한대 기후에서 볼 수 있다.

07 제시된 글에 해당하는 지역은 서남아시아에 위치한 요르단이다. 이 지역은 건조 기후가 나타나 농사짓기 어려워 유목이 발달했다.

왜 틀렸지? 일본은 온대 기후가 나타난다. 타이, 인도네시아, 방글라데시는 동남아시아 국가로 열대 기후에 속한다.

더 알려 줄게 유목은 양, 염소 등의 가축을 이끌고 풀과 물을 찾아 이동하는 것으로, 주로 건조 기후 지역에서 이루어진다.

08 메콩강이 흐르고 벼농사가 활발하여 쌀로 만든 음식 문화가 발달한 지역은 베트남이다.

09 **예시 답안** 플랜테이션, 열대 기후 지역에서 차, 카카오 등 열대작물을 대규모로 재배하여 세계 각지에 수출하는 것이 특징이다.
꼭 써야 하는 단어 플랜테이션, 열대 기후 등

○2 아시아의 종교와 문화 다양성

바로 학습 28~29쪽

01 (1) ㉠ 힌두교 ㉡ 이슬람교 (2) ㉠ 불교 ㉡ 이슬람교
02 ㉠, ㉢, ㉣, ㉡

탄탄 문제 30쪽

01 힌두교, 이슬람교
02 (1) × (2) ○ (3) ○
03 (1) ㄱ, ㄹ (2) ㄴ, ㄹ (3) ㄷ, ㄹ
04 힌두교, 불교

쑥쑥 문제 30~31쪽

01 ④ **02** ④ **03** ① **04** ① **05** ④ **06** ⑤ **07** ①
08 ④ **09** 해설 참조

01 (가)는 크리스트교, (나)는 불교에서 볼 수 있는 경관이다. 크리스트교 지역에서는 십자가를 세운 성당이나 교회를 볼 수 있으며, 불교 지역에서는 불상과 탑 등이 있는 불교 사원을 볼 수 있다.

더 알려 줄게 이슬람교 지역에서는 둥근 돔과 첨탑이 있는 사원(모스크)을, 힌두교 지역에서는 다양한 신의 모습으로 지붕과 벽면을 장식한 사원을 볼 수 있다.

02 아시아에는 불교, 힌두교, 이슬람교, 크리스트교 등 다양한 종교가 나타난다. 힌두교는 인도와 네팔의 주요 종교로, 특히 인도는 전체 인구의 약 80% 정도가 힌두교를 믿을 만큼 힌두교가 주요 종교로 자리잡은 지역이다.

왜 틀렸지? ㄱ. 불교가 널리 퍼져 있는 지역은 동남 및 동아시아이다. 서남아시아 일대에서는 이슬람교를 주로 믿는다.
ㄴ. 필리핀에서 영향력이 가장 큰 종교는 크리스트교이다.

03 갠지스강은 인도의 동쪽으로 흐르는 강으로, 힌두교 신자들이 신성하게 여기는 곳이다. 이곳에서 목욕을 하거나 장례 의식을 치르기도 한다.

왜 틀렸지? 중국, 타이, 베트남에서는 불교를 주로 믿으며, 사우디아라비아에서는 이슬람교를 주로 믿는다.

04 동남 및 동아시아에 주로 분포하는 (가)는 불교, 인도와 네팔에서 주로 분포하는 (나)는 힌두교, 서남 및 중앙아시아 일대에 주로 분포하는 (다)는 이슬람교이다.

05 (다) 이슬람교에서는 돼지고기와 술 등 율법에서 허용하지 않은 음식을 금기시하고 있다.

왜 틀렸지? ① (가) 불교에서는 채식 위주의 음식 문화가 나타난다.
②, ③ (나) 힌두교에서는 소를 신성시하기 때문에 소고기를 먹지 않는다.
⑤ 채식 위주의 음식 문화가 나타나는 종교는 (다) 불교이다.

더 알려 줄게 이슬람교에서는 율법에서 허용한 음식인 '할랄' 식품만 먹을 수 있다. '할랄'은 아랍어로 '허용된 것'이라는 뜻이다.

06 말레이시아는 다양한 종교의 화합과 공존을 위해 종교의 자유를 헌법으로 명시하고, 종교별 공휴일을 지정하였다.

07 제시된 글의 이 지역은 팔레스타인-이스라엘 지역으로 지도의 A에 해당한다. 이슬람교를 믿는 팔레스타인과 유대인을 믿는 이스라엘 간의 분쟁이 지속되고 있는 지역이다.

왜 틀렸지? B는 힌두교와 이슬람교의 분쟁 지역인 카슈미르, C는 힌두교와 불교의 분쟁 지역인 스리랑카, D는 불교와 이슬람교의 분쟁 지역인 미얀마, E는 이슬람교와 크리스트교의 분쟁 지역인 필리핀이다.

08 지도의 B는 카슈미르 지역이다. 인도와 파키스탄이 영국으로부터 독립하는 과정에서 이슬람교도가 많은 카슈미르가 인도에 속하게 되어 갈등이 발생하고 있는 지역이다.

왜 틀렸지? ③은 미얀마, ⑤는 말레이시아에 대한 설명이다.

09 **예시 답안** 이슬람교, 돼지고기와 술을 금기시한다.

꼭 써야 하는 단어 이슬람교, 돼지고기 또는 술 등

○3 아시아의 인구와 지역 발전

바로 학습
32~33쪽

01

02 (1) ㉠ 인도 ㉡ 일본 ㉢ 카타르

(2) ㉠ 카타르 ㉡ 일본 ㉢ 인도 ㉣ 인도

탄탄 문제
34쪽

01 아시아 　**02** ㄱ, ㄹ 　**03** (1) 서남아시아 (2) 시리아
04 (1) ○ (2) × 　**05** 출산율, 고령화

쑥쑥 문제
34~35쪽

01 ③ 　**02** ④ 　**03** ② 　**04** ④ 　**05** ⑤ 　**06** ② 　**07** ①
08 해설 참조

01 아시아는 세계에서 인구가 가장 많은 대륙으로, 전 세계 인구의 약 60%가 아시아 대륙에 거주하고 있다. 특히 벼농사에 유리한 평야 지역에 인구가 많이 모여 산다.

왜 틀렸지? ㄱ. 세계에서 인구가 가장 많은 국가는 인도이다.
ㄹ. 인구는 아시아의 자연환경, 농목업, 도시 분포 등에 따라 다르게 나타나는데, 대체로 평야 지역이나 도시에 많이 모여 산다.

02 제시된 지도의 ㉠은 사우디아라비아, ㉡은 중국의 동부 지역이다. ㉠ 지역은 연 강수량이 적어 물을 구하기 어렵기 때문에 인구 밀도가 낮다. ㉡ 지역은 농사짓기 유리한 평야 지역이 많아 ㉠ 지역보다 인구가 밀집해 있다.

왜 틀렸지? ㄷ. 중국의 동부 지역은 평야가 발달해 있고, 계절풍의 영향을 받아 벼농사가 활발하다.

03 아시아의 인도, 파키스탄, 방글라데시, 인도네시아는 인구가 빠르게 증가하고 있는 국가이다.

더 알려 줄게 우리나라, 일본 등 경제 발전 수준이 높은 아시아의 국가에서는 여성의 사회 진출 증가와 결혼과 자녀에 대한 가치관의 변화 등으로 아이의 수가 줄어드는 저출산이 나타나고 있다. 또한 전체 인구에서 노인 인구 비율이 높아지는 고령화도 나타나고 있다.

04 내전이나 자연재해 등의 이유로 국가 내에서 혹은 국경을 넘어서 인구가 이동하기도 하는데, 시리아와 팔레스타인에서는 내전과 분쟁을 피해 인구가 주변 국가로 이동하기도 한다.

왜 틀렸지? ① 아시아는 인구이동이 활발하다.
② 아시아의 인구이동은 주로 지역 간 경제적 차이에 의해서 발생한다.
③ 임금이 저렴한 동남아시아에서 상대적으로 임금이 높은 동아시아로 인구가 이동한다.
⑤ 과거에는 아시아에서 유럽이나 북아메리카로의 이동이 많았으나, 최근에는 가까운 아시아로의 이주도 증가하고 있다.

05 (가)는 인도, (나)는 일본의 인구 피라미드이다. 일본은 인도에 비해 유소년층 인구 비율이 낮고, 노년층 인구 비율이 높게 나타난다. 이를 통해 일본에서는 저출산·고령화가 나타나고 있음을 알 수 있다.

왜 틀렸지? ㄱ. (가)는 인도, (나)는 일본의 인구 피라미드이다.
ㄴ. 인도는 일본보다 노년층 인구 비율이 낮고, 유소년층 인구 비율이 높다.

06 제시된 글은 인구 고령화에 대한 것이다.

더 알려 줄게 인구 고령화에 따라 의료비 증가, 연금 고갈, 노인 복지 비용 상승과 같은 문제가 발생하고 있다. 이러한 문제를 해결하기 위해 아시아의 여러 국가에서는 노인 복지 제도를 마련하는 등의 노력을 기울이고 있다.

07 지도의 A는 카타르, B는 인도, C는 타이, D는 베트남, E는 일본이다. 제시된 글은 카타르에 대한 설명이다.

더 알려 줄게 카타르와 아랍 에미리트 등 서남아시아의 산유국은 석유 개발로 얻은 경제적 이익을 신도시 건설, 고층 빌딩 건설 등 대규모 개발 사업에 투자하여 일자리가 풍부한 편이다. 이에 따라 주변의 아시아 국가에서 일자리를 찾는 젊은 남성 노동자들이 서남아시아로 유입되고 있다.

08 **예시 답안** 인구 고령화, 인구 고령화로 의료비 증가, 연금 고갈, 노인 복지 비용 상승 등의 문제점이 나타나고 있다.

꼭 써야 하는 단어 고령화, 노인 복지 비용 상승, 의료비 증가 등

04 아시아의 산업 특징과 변화

36~37쪽

바로 학습

01 (1) ㉠ 베트남 ㉡ 서남아시아 ㉢ 우리나라
(2) ㉠ 인도 ㉡ 사우디아라비아 ㉢ 일본
02 (1) **예시 답안** 중국의 인건비가 상승하였기 때문에 생산비를
줄이기 위해 상대적으로 인건비가 저렴한 베트남으로 공
장을 이전하였다.
(2) ㉠ 석유 ㉡ 첨단

탄탄 문제

38쪽

01 석유 **02** (1) 사우디아라비아 (2) 우리나라 (3) 동남아시아
03 (1) ○ (2) × (3) ○ **04** 베트남

쏙쏙 문제

38~39쪽

01 ⑤ **02** ② **03** ③ **04** ② **05** ② **06** ③ **07** ③
08 해설 참조

01 아시아는 국가마다 산업의 특성과 발전 정도가 달라 국가 간 긴
밀한 협력이 이루어지고 있다.

왜 틀렸지? ①, ② 아시아는 천연자원의 생산량이 많은 편이며, 다양
한 천연자원을 보유하고 있다.
③ 우리나라, 일본 등 경제 발전 수준이 높은 아시아의 국가에서는 우수
한 기술력을 바탕으로 첨단 산업이 발달하였다.
④ 최근 아시아는 고부가 가치의 첨단 산업과 문화 산업 분야가 발전하
고 있다.

02 제시된 글은 인도에 대한 설명이다. 인도의 벵갈루루, 뭄바이,
뉴델리 등에서는 정보 통신 기술(IT) 산업이 발달했다.

왜 틀렸지? ① 일본은 고부가 가치 첨단 산업이 발달하고 있다.
③, ④ 베트남과 인도네시아는 노동 집약적 제조업이 발달하고 있다.
⑤ 사우디아라비아는 최근 석유의 높은 의존도에서 벗어나고자 첨단 산
업과 관광 산업에 투자하며 산업 다변화를 꾀하고 있다.

03 일본은 높은 기술력을 바탕으로 반도체, 자동차, 디스플레이 등
첨단 기술 제품을 생산하여 세계에 수출하고 있다. 사우디아라
비아는 석유와 천연가스 등 에너지 자원의 생산량이 많다.

04 ㄱ. 일본은 반도체와 로봇 등의 첨단 산업이 발달하였다. ㄷ. 인
도의 벵갈루루와 뭄바이는 첨단 산업의 중심지이다.

왜 틀렸지? ㄴ. '볼리우드'라고 불리는 영화 산업이 발달한 국가는 인
도이다.
ㄹ. 사우디아라비아는 전체 수출에서 연료 및 광물이 차지하는 비율이
가장 높다.

05 제시된 글은 중국에 대한 설명이다. 중국은 풍부한 자원과 노동
력을 바탕으로 산업이 발달하였다. 최근에는 다양한 기술을 바
탕으로 첨단 산업을 육성하고 있다.

06 ㄴ. 서남아시아 일부 국가들은 석유 고갈에 대비하여 석유 의존
도를 낮추고, 제조업, 관광 산업 등 다양한 산업에 투자하면서
산업의 다변화를 꾀하고 있다. ㄷ. 일본의 주요 산업은 철강, 기
계, 전기·전자, 자동차 등이며, 최근에는 로봇 산업 등에 투자
하고 있어 이러한 첨단 산업 분야가 발달하고 있다.

왜 틀렸지? ㄱ. 중국의 경제 성장으로 임금이 높아지자, 중국에 있던
공장들은 말레이시아, 베트남, 라오스 등 상대적으로 임금이 저렴한 동
남아시아 국가들로 옮겨 가고 있다.
ㄹ. 중국은 최근 다양한 기술로 첨단 산업을 육성하고 있다.

07 지도의 A는 카타르, B는 베트남, C는 일본이다. 저렴한 노동비
와 풍부한 자원을 바탕으로 경제 성장 가능성이 크며, 최근 한국
과 농산물, 전자 제품 등 다양한 분야에서 협력을 강화하고 있는
국가는 베트남이다.

08 **예시 답안** 노동비가 상승하면 생산 공장이 노동비가 저렴한 국가
나 지역으로 이동하기도 한다.

꼭 써야 하는 단어 저렴한 노동비

대단원 마무리 문제

40~41쪽

01 ③ **02** ② **03** ⑤ **04** ⑤ **05** 카슈미르 **06** ①
07 ④ **08** ④ **09** ⑤ **10** ㄱ

01 지도의 ㉠은 서남아시아, ㉡은 남부 아시아, ㉢은 동아시아이
다. 남부 아시아에는 인도, 방글라데시, 파키스탄, 네팔 등이 속
한다. 뭄바이는 인도의 영화 산업을 이끄는 도시이고, 다카는 방
글라데시의 수도이다.

왜 틀렸지? ① 중국 베이징은 동아시아, 카타르 도하는 서남아시아
에 속한다.
② 방글라데시 다카는 남부 아시아, 카타르 도하는 서남아시아에 속
한다.
④ 타이 방콕은 동남아시아, 방글라데시 다카는 남부 아시아에 속한다.
⑤ 인도네시아 자카르타와 타이 방콕은 동남아시아에 속한다.

02 아시아의 기후 지역을 나타낸 지도의 (가)는 열대 기후, (나)는
건조 기후에 해당한다. 강수량이 적어 농업이 불리한 건조 기후
에서는 유목 생활을 하는 모습을 볼 수 있다.

왜 틀렸지? ㄴ. 서남아시아와 중앙아시아 일대에서는 건조 기후가
주로 나타난다.
ㄷ. 열대작물을 대규모로 재배하는 농업인 플랜테이션은 열대 기후 지
역에서 주로 이루어진다.

03 애팔래치아산맥은 북아메리카에 위치한 산맥이다.

더 알려 줄게 ① 메콩강은 동남아시아에서 가장 큰 강이다.
② 고비 사막은 몽골과 중국의 국경 사이에 있다.
③ 히말라야산맥은 아시아 중부에 위치한 산맥으로, 이곳에는 세계에서
가장 높은 산인 에베레스트산이 있다.
④ 룹알할리 사막은 아라비아 반도 남부에 펼쳐진 거대한 사막이다.

04 지도에 표시된 지역은 인도, 네팔 등 힌두교를 주로 믿는 지역이다. 힌두교는 인도 북부 지역에서 기원하였고, 갠지스강을 신성시하는 것이 특징이다.

왜 틀렸지? ㄱ. 힌두교에서는 소를 신성시하여 소고기를 먹지 않는 음식 문화가 나타난다.
ㄷ. 지도에 표시된 지역의 종교는 힌두교이다. 이슬람교는 주로 서남아시아와 중앙아시아 일대에 주로 분포한다.

05 인도와 파키스탄의 국경에 위치한 카슈미르에서는 힌두교를 믿는 인도와 이슬람교를 믿는 파키스탄 간의 종교 갈등이 나타나고 있다.

06 아시아는 세계에서 인구가 가장 많은 대륙이며, 특히 농업에 유리한 평야 지역의 인구 밀도가 높게 나타난다.

왜 틀렸지? ㄷ. 아시아 인구이동의 주요인은 지역 간 경제적 차이로 최근 동남아시아, 남부 아시아에서 높은 임금을 찾아 다른 대륙의 선진국이나 동아시아, 서남아시아로 인구이동이 나타나고 있다.
ㄹ. 최근 동남아시아에서 일자리를 찾아 서남아시아의 산유국으로 젊은 남성 인구가 이동하고 있다.

07 제시된 자료는 일본의 인구 피라미드이다. 일본은 출산률이 낮아 유소년층의 인구 비율이 낮고, 노년층의 인구 비율이 높게 나타난다. 이에 따라 노동력이 부족해지고, 경제 성장이 둔화하는 어려움을 겪고 있다.

왜 틀렸지? ㄱ. 방글라데시는 높은 출산율로 일본에 비해 유소년층의 비율이 높다.
ㄷ. 일본의 인구는 감소하고 있는 추세이다.

08 (가)는 사우디아라비아, (나)는 인도에 대한 설명이다. 사우디아라비아는 석유와 천연가스 매장량이 많아 세계 각국에 수출하고 있다. 인도는 전통 농업과 첨단 산업에 이르기까지 다양한 산업이 발달하였는데, 특히 벵갈루루, 뭄바이 등에서는 정보 통신 기술(IT) 산업이 발달하고 있다.

09 ⑤ 볼리우드는 인도의 영화 산업을 뜻하는 말로, 인도의 풍부한 인력과 낮은 인건비, 수준 높은 기술력 등으로 발달한 문화 산업이다.

10 ㄱ. 현지의 인건비가 상승하면 우리나라 생산 공장은 철수하거나 다른 지역으로 이전하기도 한다.

왜 틀렸지? ㄴ. 다른 국가가 산업 다변화를 위해 노력하면 우리나라 기업이 해외에 진출하기도 한다.
ㄷ. 수입에 의존하는 상품의 가격과 수입량 변동은 우리나라 산업과 경제에 영향을 미친다.

Ⅲ 유럽

01 유럽의 위치와 자연환경

바로 학습
44~45쪽

01 ㉠ 영국, 런던, 서부 유럽 ㉡ 프랑스, 파리, 서부 유럽
㉢ 스웨덴, 스톡홀름, 북부 유럽 ㉣ 그리스, 아테네, 남부 유럽
02 (1) A, B, C (2) 라인강
03 (1) ㉠ 서안 해양성 기후 ㉡ 지중해성 기후
(2) ㉠ 서안 해양성 ㉡ 지중해성

탄탄 문제
46쪽

01 (1) 북부 (2) 서부 (3) 남부 (4) 동부 **02** 대서양, 지중해
03 (1) ㄱ (2) ㄷ (3) ㄹ (4) ㄴ
04 스칸디나비아, 알프스 **05** (1) ○ (2) ○ (3) ✕

쑥쑥 문제
46~47쪽

01 ④ **02** ② **03** ⑤ **04** ① **05** ⑤ **06** ① **07** ③
08 해설 참조

01 유럽은 서쪽으로는 대서양, 남쪽으로는 지중해, 북쪽으로는 북극해, 동쪽으로는 아시아와 접해 있다.

왜 틀렸지? ㄱ. 영국, 독일은 서부 유럽에 속한다.
ㄷ. 유럽 대륙의 남쪽에는 지중해가 위치한다.

02 제시된 지도의 ㉠은 영국, ㉡은 독일, ㉢은 포르투갈이다.

03 아테네는 그리스의 수도이다. 이탈리아의 주요 도시로는 수도인 로마와 패션의 도시 밀라노 등이 있다.

04 유럽 북부에 있는 스칸디나비아산맥은 형성 시기가 오래되어 해발 고도가 낮고 경사가 완만하다. 또한 평야 지대를 흐르는 라인강과 센강 등은 교통로로 이용되고 있다.

왜 틀렸지? ㄷ. 유럽 남부에 있는 알프스산맥은 형성 시기가 오래되지 않아 해발 고도가 높고 험준하다.
ㄹ. 유럽의 북부와 남부는 산지, 중앙은 평원으로 이루어져 있다.

05 ㉠은 서안 해양성, ㉡은 지중해성이다. 서부 유럽의 대부분 지역에서는 우리나라에 비해 겨울이 따뜻하고 강수량이 연중 고른 서안 해양성 기후가 나타난다. 남부 유럽의 지중해 연안에서는 여름이 덥고 건조한 지중해성 기후가 나타난다.

06 지중해성 기후는 여름이 덥고 건조하여 포도, 올리브 등을 재배하는 수목 농업이 활발하다.

왜 틀렸지? ② 수목 농업은 지중해성 기후의 덥고 건조한 여름 기후와 관련 있다.
③ 서안 해양성 기후에 대한 설명이다.
④ 냉대 기후에 대한 설명이다.
⑤ 서안 해양성 기후에 대한 설명이다.

07 서안 해양성 기후가 나타나는 영국은 흐리고 비가 내리는 날이 많기 때문에 외출할 때 코트와 우산을 가지고 다니는 사람이 많다.

08 (예시 답안) 스칸디나비아산맥은 형성 시기가 오래되어 해발 고도가 낮고 경사가 완만하다. 반면 알프스산맥은 형성 시기가 오래되지 않아 해발 고도가 높고, 경사가 급하다.

꼭 써야 하는 단어 | 형성 시기, 해발 고도

02 유럽의 다양한 도시

01 음악과 예술이 발달한 (가)는 오스트리아 빈이다. 또한 세계 경제와 금융의 중심지이자 빅 벤, 타워 브리지가 있는 (나)는 영국 런던이다.

02 에스파냐 빌바오는 쇠퇴하던 공업 도시였으나 문화·예술 산업을 육성하여 세계적인 관광지로 발전하였다.

03 제시된 글은 이탈리아 밀라노에 대한 설명이다. 밀라노는 이탈리아 북부의 최대 도시로, 패션 산업이 발달하였다. 밀라노의 장인들이 만든 고급 의류는 세계적으로 인기가 많다.

왜 틀렸지? ① 빈은 오스트리아의 수도로, 예술이 발달한 도시로 잘 알려져 있다.
② 빌바오는 에스파냐의 도시로, 쇠퇴하던 공업 도시에서 세계적인 관광지로 탈바꿈한 도시로 유명하다.
④ 모스크바는 러시아의 수도로, 유럽에서 인구가 가장 많은 도시이다. 붉은 광장, 크렘린 궁전 등을 볼 수 있다.
⑤ 소피아 앙티폴리스는 프랑스 남부에 위치한 도시로, 첨단 과학 산업 단지가 발달해 있는 곳이다.

04 제시된 글은 세계 도시에 대한 설명이다. 유럽에는 영국의 런던, 프랑스 파리 등의 세계의 중심 역할을 하는 세계 도시가 분포한다.

05 탄소중립은 인간 활동으로 발생하는 온실가스의 양을 줄여 순 배출량을 '0'으로 만드는 것을 말한다. 탄소중립을 실현하기 위해 유럽의 여러 국가들은 재생 에너지 사용, 대중교통 및 자전거 이용 장려 등을 통해 지속가능한 도시를 만들기 위한 노력을 하고 있다.

06 지속가능한 도시를 만들기 위해서는 자전거, 대중교통 같은 지속가능한 교통수단을 확대하고, 개인 자동차 이용을 줄이려는 노력이 필요하다.

07 제시된 도시들은 지속가능한 도시로 주목받고 있는 유럽의 도시들이다. 이 도시들은 재생 에너지를 이용하여 전력을 생산하는 비율이 높고, 도시 내에서 녹지 공간이 차지하는 비율이 높으며 자동차보다는 자전거나 대중교통의 이용을 장려하고 있다.

08 제시된 글은 독일 프라이부르크에 대한 설명이다. 프라이부르크는 다양한 환경 정책으로 '환경 수도'로 불리고 있다.

09 (예시 답안) 태양광, 풍력 등 재생 에너지 사용하기, 대중교통과 자전거 이용 장려하기, 도시 내 녹지 공간 면적 확대하기 등

꼭 써야 하는 단어 | 재생 에너지, 대중교통, 녹지 공간 등

03 유럽의 통합과 분리

01 유럽 연합(EU) 회원국은 회원국 간의 노동력, 자본, 상품, 서비스의 자유로운 이동이 가능하다.

02 ㄱ. 유럽 연합은 유럽의 정치·경제 통합을 실현하기 위한 유럽 국가들의 연합 기구이다. ㄹ. 제1·2차 세계 대전 이후 유럽의 경제 발전과 결속, 통합을 위해 유럽 연합을 출범하였다.

왜 틀렸지? ㄴ. 튀르키예는 현재 유럽 연합에 가입되어 있지 않지만 가입을 희망하는 국가이다.
ㄷ. 2023년 기준으로 27개국이 가입해 있다.

03 튀르키예와 우크라이나는 현재 유럽 연합 비회원국으로, 유럽 연합에 가입하기를 희망하고 있다.

04 제시된 글의 ㉠은 파다니아이다. 파다니아 지역은 제조업이 발달하여 국가 내에서도 경제 수준이 높은 곳이다. 이에 남부 지역과의 경제적 차이로 분리·독립 움직임이 나타나고 있다.

05 제시된 지역들은 한 국가 내에서 문화적 차이나 경제적 격차 등을 이유로 분리·독립 움직임이 나타나고 있는 곳이다.

06 제시된 글은 영국의 유럽 연합 탈퇴에 대한 설명이다. 2016년 영국은 국민 투표를 통해 유럽 연합 탈퇴를 결정하였으며, 2020년 1월에 유럽 연합에서 탈퇴하였다.

07 제시된 글은 벨기에의 플랑드르 지역에 대한 설명이다. 지도의 A는 영국의 스코틀랜드, B는 벨기에의 플랑드르, C는 에스파냐의 바스크, D는 에스파냐의 카탈루냐, E는 이탈리아의 파다니아이다. 플랑드르 지역은 네덜란드어를 사용하며, 경제 발달 수준이 높은 편이다. 반면 남부의 왈롱 지역은 프랑스어를 사용하며 상대적으로 경제 발달 수준이 낮다. 이러한 언어와 경제 수준 차이 때문에 플랑드르 지역을 중심으로 분리·독립 움직임이 나타나고 있다.

08 제시된 글은 에스파냐의 카탈루냐에 대한 설명이다. 카탈루냐는 경제적으로 부유한 지역으로 높은 세금 부담에 비해 정부의 혜택이 적다는 이유와 국가 내 다른 지역 과의 문화적 차이 등을 이유로 분리·독립을 희망하고 있다.

09 **예시답안** 유럽 연합 회원국의 주민들은 유럽 국가 간의 이동이 자유롭다. 또는 유럽 연합 회원국 간의 관세가 없기 때문에 다양한 국가의 물건을 저렴한 가격에 살 수 있다. 등

꼭 써야 하는 단어 자유로운 이동 등

대단원 마무리 문제 56~57쪽

01 ③	02 ④	03 ②	04 ④	05 서안 해양성 기후
06 ①	07 ④	08 풍력 발전	09 ⑤	10 ④ 11 ③

01 유럽은 서쪽으로는 대서양, 남쪽으로는 지중해, 북쪽으로는 북극해, 동쪽으로는 아시아와 접하고 있다.

02 (가)는 독일, (나)는 영국에 대한 설명이다. 지도의 A는 영국, B는 프랑스, C는 독일이다.

03 A는 스칸디나비아산맥, B는 알프스산맥이다. 스칸디나비아산맥은 알프스산맥보다 형성 시기가 오래되어 경사가 완만하고 평균 해발 고도가 낮다.

04 제시된 글은 지중해성 기후 지역에서 발달한 수목 농업에 대한 설명이다. 지중해성 기후가 나타나는 지중해 연안의 남부 유럽에서는 고온 건조한 여름철 날씨에도 잘 자라는 포도, 올리브, 레몬 등을 주로 재배한다.

왜 틀렸지? ㄱ. 일 년 내내 습윤한 기후는 서안 해양성 기후에 해당한다.
ㄷ. 침엽수림은 냉대 기후 지역에서 발달한다.

05 제시된 글은 서안 해양성 기후 지역에서 주로 이루어지는 혼합 농업에 대한 설명이다. 서안 해양성 기후 지역에서는 밀 등의 식량 작물과 사료 작물을 재배하고 이와 함께 소와 돼지 등의 가축을 함께 기르는 혼합 농업이 발달하였다.

06 제시된 글은 영국 런던에 대한 설명이다. 지도의 A는 영국, B는 에스파냐, C는 프랑스, D는 독일, E는 이탈리아이다.

07 ㄴ. 영국 런던은 기업의 본사, 금융 기관 등이 모여 있으며 세계 경제의 중심지 역할을 하는 세계 도시이다. ㄹ. 프랑스 소피아 앙티폴리스는 세계적인 첨단 과학 산업 단지가 있는 첨단 도시로 유명하다.

왜 틀렸지? ㄱ. 유럽 연합의 본부는 벨기에의 브뤼셀에 있다. 오스트리아 빈은 음악의 도시로 유명하다.
ㄷ. 패션 및 디자인의 중심 도시로 유명한 곳은 이탈리아 밀라노이다.

08 덴마크는 북유럽의 풍부한 바람을 활용하여 생산한 전기 비중이 전체 에너지의 약 40% 정도를 차지한다. 특히 수도인 코펜하겐은 '바람의 도시'라고 불릴 정도로 대부분의 에너지를 풍력 발전으로 충당하고 있다.

09 유럽의 도시들은 기후위기에 대응하고, 탄소중립을 실현하기 위해 태양광, 풍력 등 신·재생 에너지 사용량을 늘리고 있다. 대중교통, 자전거 등 지속가능한 교통수단을 확대하고 도시 내 녹지 면적 확대 등으로 지속가능한 도시를 만들기 위해 노력하고 있다.

왜 틀렸지? ⑤ 이산화 탄소와 같은 온실 기체 배출량을 줄일 수 있도록 자동차 대신 자전거 이용을 장려하고 있다.

10 (가)는 유럽 연합 비회원국이지만 가입을 희망하는 튀르키예, 우크라이나 등과 관련 있다. (나) 중립국으로서 유럽 연합에 가입하지 않는 국가는 스위스이다. (다) 국민 투표를 거쳐 유럽 연합을 탈퇴한 국가는 영국이다.

11 (가) 지역은 이탈리아의 파다니아이다. 파다니아는 밀라노, 베네치아, 볼로냐 같은 도시들이 있는 이탈리아 북부 지역이다. 이 지역은 경제적으로 발전한 곳으로, 농업이 발달한 남부 지역과 경제적 차이가 커지면서 분리·독립하려는 움직임이 나타나고 있는 곳이다.

IV 아프리카

01 아프리카의 위치와 자연환경

바로 학습   60~61쪽

01 ㉠ 카이로 ㉡ 요하네스버그 ㉢ 나이로비 ㉣ 라고스
02 (1) ㉠ 사하라 사막 ㉡ 나일강 ㉢ 킬리만자로산 ㉣ 빅토리아 폭포 (2) ㉠ 열대 ㉡ 건조 ㉢ 온대

탄탄 문제   62쪽

01 (1) × (2) ○ (3) ×   02 ㉠ 대서양 ㉡ 인도양 ㉢ 지중해
03 (1) ㄷ (2) ㄱ (3) ㄴ (4) ㄹ   04 나일강
05 플랜테이션, 오아시스

쑥쑥 문제   62~63쪽

01 ④   02 ⑤   03 ①   04 ②   05 ③   06 ③   07 ①
08 ⑤   09 해설 참조

01 아프리카는 서쪽으로는 대서양, 동쪽으로는 인도양과 홍해를 접하고 있으며, 북쪽으로는 지중해와 접하고 있다.
   왜 틀렸지? 태평양과 접하고 있는 대륙은 아시아, 아메리카, 오세아니아이다.

02 남아프리카 공화국에는 케이프타운과 요하네스버그 등의 도시가 있다.
   왜 틀렸지? ① 라고스는 나이지리아에 있는 도시이다.
② 카이로는 이집트의 수도이다.
③ 나이로비는 케냐에 있는 도시이다.
④ 카사블랑카는 모로코에 있는 도시이다.

03 제시된 자료는 이집트에 대한 설명이다. 이집트에는 수천 년 전 번성했던 이집트 문명의 유적이 많으며, 세계에서 가장 긴 강인 나일강이 흐르고 있다.
   왜 틀렸지? 지도의 ㉡은 나이지리아, ㉢은 소말리아, ㉣은 남아프리카 공화국, ㉤은 마다가스카르이다.

04 빈칸에 들어갈 도시는 라고스이다. 라고스는 나이지리아의 항구 도시로, 아프리카에서 인구가 가장 많은 도시이다.
   왜 틀렸지? ① 카이로는 이집트의 수도이다.
③ 모가디슈는 소말리아의 수도이다.
④ 카사블랑카는 모로코에 있는 도시이다.
⑤ 요하네스버그는 남아프리카 공화국에 있는 도시이다.

05 아프리카에서 가장 높은 산은 킬리만자로산으로, 탄자니아 북동부에 위치해 있다.

   왜 틀렸지? ① 사막이 넓게 펼쳐진 곳은 아프리카 북부 지역이며, 중부 지역은 열대 기후가 나타나 사막이 분포하지 않는다.
② 세계 3대 폭포 중 빅토리아 폭포가 아프리카에 위치한다.
④ 사하라 사막은 세계에서 가장 넓은 사막이다.
⑤ 이집트와 사하라 사막을 통과하여 흐르는 강은 나일강이다.

06 제시된 자료는 이집트 카이로의 기후 그래프이다. 강수량이 매우 적은 것으로 보아 건조 기후 그래프에 해당한다. 아프리카의 건조 기후 지역에는 세계에서 가장 넓은 사막인 사하라 사막이 분포해 있다. 건조 기후는 나무와 풀이 자라기 어렵기 때문에 농업이 불리하다. 따라서 사람들은 물을 구하기 쉬운 오아시스나 나일강 주변에서 농사를 지으며 살아간다.
   왜 틀렸지? 적도 부근의 중부 아프리카는 주로 열대 기후가 나타난다.

07 적도 부근에서는 열대 기후가 나타나며, 지중해 연안과 남동부 일대에는 온대 기후가 나타난다.
   왜 틀렸지? ㄷ. 북부 아프리카에는 건조 기후가 넓게 나타난다.
ㄹ. 지중해 연안과 남아프리카 공화국 일대에는 온대 기후가 주로 나타난다. 사막은 북부 아프리카와 남서부 해안 지역에 분포해 있다.

08 아프리카의 열대 기후 지역에서는 저렴한 노동력과 선진국의 기술 및 자본이 결합하여 열대작물을 상업적으로 재배하는 플랜테이션 농업이 발달한다. 또한 토지가 척박한 곳에서는 삼림을 불태워 작물을 재배하고 토지가 황폐해지면 다른 지역으로 이동하는 이동식 화전 농업이 발달했다.
   왜 틀렸지? 혼합 농업은 서안 해양성 기후가 나타나는 서부 유럽에서 주로 이루어진다. 오아시스 농업은 건조 기후 지역의 농업 방식이다.
   더 알려 줄게 오아시스 농업은 건조 기후 지역에서 오아시스나 지하수 등의 물을 이용하여 대추야자, 목화, 밀 등을 재배하는 방식이다.

09 예시 답안 ㉡, 열대 기후 지역에서는 고무나무, 카카오, 커피 등을 재배하는 플랜테이션 농업이 발달했다. (또는) 건조 기후 지역에서는 오아시스 농업이 발달했다.
   꼭 써야 하는 단어 | 열대 기후 지역 (또는) 오아시스 농업

02 아프리카의 문화와 지역 잠재력

바로 학습   64~65쪽

01 ㉠ 이슬람교 ㉡ 크리스트교
02 ㉠ 나이지리아 ㉡ 보츠와나 ㉢ 에티오피아 ㉣ 남아프리카 공화국

탄탄 문제   66쪽

01 열대   02 (1) ㄷ (2) ㄴ (3) ㄱ   03 삼바
04 (1) × (2) ○   05 수력

01 ③　**02** ①　**03** ①　**04** ④　**05** ⑤　**06** ③　**07** ⑤
08 해설 참조

01 북부 아프리카는 서남아시아에서 전파된 이슬람교의 영향으로 이슬람교도가 많으며, 중·남부 아프리카는 토속 종교와 함께 유럽의 식민 지배로 전파된 크리스트교가 주를 이루고 있다. 따라서 지도의 (가)는 이슬람교, (나)는 크리스트교, (다)는 토속 종교이다.

02 아프리카의 전통 미술은 일정한 형태나 형식이 없는 것이 특징이며, 20세기 추상 미술에 영향을 주었다.
　왜 틀렸지? ② 아프리카 전통 음악은 동적인 것이 특징이다.
③ 아프리카의 화려한 색을 이용한 전통 의복은 오늘날의 패션 산업에 영향을 주었다.
④ 아프리카의 미술은 일정한 형태나 형식이 없는 것이 특징이다.
⑤ 아프리카 전통 음악은 힙합과 재즈 등 현대 대중음악에 영향을 주었다.

03 전통 아프리카 음악의 영향을 받아 탄생한 음악 장르는 재즈이다. 과거 유럽인들에 의해 강제 이주된 아프리카 사람들이 그들의 전통 음악을 전파했고, 아프리카의 음악과 현지의 음악이 결합하여 재즈가 탄생했다.
　더 알려 줄게 아프리카의 전통 음악과 다른 대륙의 음악이 융합하여 발전한 예술 문화는 힙합과 재즈, 탱고 등이 있다.

04 이슬람교에 대한 설명이다. 북부 아프리카는 서남아시아에서 전파된 이슬람교의 영향으로 이슬람교도가 많다. 특히 건조 기후가 나타나는 말리에서는 주변에 구하기 쉬운 진흙으로 지은 이슬람 사원(모스크)을 볼 수 있다.

05 아프리카는 세계에서 중위 연령이 가장 낮은 대륙이다. 아프리카는 경제활동을 하는 청장년층 인구의 비중이 커 '세계에서 가장 젊은 대륙'으로 불리고 있다.
　더 알려 줄게 중위 연령은 한 국가의 인구를 일렬로 세웠을 때 가운데 서 있는 사람의 나이를 말한다.

06 아프리카의 수력 에너지는 나일강과 콩고강, 잠베지강의 풍부한 수자원을 이용해 생산된다. 사하라 사막, 칼라하리 사막은 일조량이 많아 태양광 발전에 유리하다.
　왜 틀렸지? 풍력 에너지는 아프리카 전역에서 풍부하게 생산되며, 아프리카 내에서 이집트, 모로코의 발전 비중이 가장 높다.

07 아프리카는 인구가 빠르게 증가하고 있으며, 이를 바탕으로 소비 시장이 급격하게 성장하고 있다. 이는 아프리카의 높은 인구 잠재력을 보여 준다.

08 예시 답안 아프리카는 다른 대륙에 비해 경제활동 인구의 비율이 높아 인구 잠재력이 풍부하다.
　꼭 써야 하는 단어 경제활동 인구, 인구 잠재력

○3 아프리카의 지속가능한 발전

01 (1) 아프리카 연합(AU)　(2) K-라이스 벨트 사업

01 (1) ○　(2) ○　(3) ✕　　　**02** (1) ㄱ　(2) ㄷ　(3) ㄴ
03 공정 무역　　　　　　　　**04** 국제 연합

01 ⑤　**02** ⑤　**03** ⑤　**04** ④　**05** ③　**06** ②　**07** ⑤
08 (1) 지속가능　(2) 해설 참조

01 지속가능한 발전은 미래 세대가 발전할 수 있는 가능성을 파괴하지 않으면서 오늘날 사람들에게 더 나은 삶을 살아갈 수 있도록 하는 발전이다.

02 ㉠에 들어갈 말은 지속가능한 발전이다. 지속가능한 발전은 급속한 경제 개발보다는 환경을 함께 고려한 경제 개발을 목표로 한다.

03 아프리카 국가들은 지속가능한 발전을 위해 다양한 노력을 하고 있다. 대표적으로 보츠와나는 다이아몬드 개발로 얻은 수익을 국민의 건강과 교육을 위해 투자하고 있다. 나이지리아는 석유 의존도를 줄이기 위해 영화 산업에 투자하는 등 산업 다각화를 위해 노력하고 있다.
　왜 틀렸지? 아프리카 국가들이 아프리카의 경제 발전과 협력을 위해 설립한 것은 아프리카 연합(AU)이다.

04 제시된 그림은 공정 무역 마크이다. 공정 무역은 생산자에게 정당한 가격을 지급하는 무역 방식으로, 노동력 착취, 환경 파괴 등을 막아 장기적으로 생산자와 소비자는 물론 환경에도 이로운 지속가능한 발전을 이루는 데 도움이 된다.
　왜 틀렸지? 초국적 기업은 한 국가에 본사를 두고 세계 여러 국가에서 상품을 생산, 판매하는 기업이다.

05 아프리카는 빠른 경제 성장을 이루어 내고 있으나 여전히 빈곤과 기아 등 해결할 과제가 많다. 이에 아프리카 국가들은 아프리카 연합(African Union)을 설립하여 경제 발전과 협력을 꾀하고 있다.
　왜 틀렸지? ㉠ 아프리카는 세계적으로 경제 수준이 낮은 편이다.
㉢ 아프리카 국가들은 자원 중심의 산업 구조에서 벗어나기 위해 문화 산업, 정보 통신 기술 산업 등 산업 다각화를 추진하고 있다.

06 아프리카의 지속가능한 발전을 위해 개인이 할 수 있는 노력으로는 세계시민으로서 아프리카가 겪고 있는 다양한 문제에 관심을 가지고 세계시민으로서 책임감을 갖는 것이다. 또한 빈곤과 기아 문제를 해결하기 위한 기부나 봉사 활동에 참여하고, 공정 무역 제품을 구매하여 도움을 줄 수 있다.

> **왜 틀렸지?** ② 국제기구의 설립은 주권을 가진 국가들에 의해 이루어진다.

07 제시된 자료는 국경 없는 의사회에 대한 설명이다. 국경 없는 의사회는 저개발 지역에 의료 지원 서비스를 하는 비정부 기구이다.

> **왜 틀렸지?** ① 옥스팜은 빈곤 퇴치를 위한 비정부 기구이다.
> ② 그린피스는 지구촌의 환경을 보호하기 위해 활동하는 비정부 기구이다.
> ③ 국제 연합은 지구촌의 평화와 협력을 위해 만들어진 국제기구이다.
> ④ 아프리카 연합은 아프리카의 지속가능한 발전과 협력을 위해 만들어진 기구이다.

> **더 알려 줄게** 비정부 기구는 지구촌의 여러 문제를 해결하기 위해 뜻이 비슷한 개인이나 민간 단체가 중심이 되어 공공의 이익을 추구하는 단체이다.

08 (1) 지속가능
(2) **예시 답안** 아프리카 연합(AU)을 설립하여 경제 발전과 생활 수준 향상 등을 위해 협력하고 있다.

> **꼭 써야 하는 단어** 지속가능

대단원 마무리 문제

72~73쪽

01 ②	02 ④	03 ④	04 (가) C (나) A	05 ②	06 열대
07 ②	08 ①	09 ①	10 ③	11 ③	12 공정 무역

01 (가)는 이집트, (나)는 나이지리아에 대한 설명이다. 이집트의 수도는 카이로이며, 아프리카 대륙의 북동쪽에 위치해 지중해와 접하고 있다. 또한 이집트의 중앙에는 나일강이 흘러 큰 도시가 발달해 있다. 나이지리아는 아프리카에서 인구가 가장 많은 국가로, 항구 도시인 라고스가 유명하다.

02 아프리카는 세계에서 가장 큰 사막인 사하라 사막을 기준으로 북부 아프리카와 중·남부 아프리카로 구분된다.

03 파키스탄은 아시아 대륙에 속하는 국가이다.

04 지도의 A는 이집트, B는 나이지리아, C는 케냐이다. 건기와 우기가 뚜렷한 열대 기후가 나타나는 케냐에서는 사파리 관광을 체험할 수 있다. 건조 기후가 넓게 나타나 사막이 발달한 이집트에서는 샌드 보드 체험을 할 수 있다.

05 나일강은 세계에서 가장 긴 강으로, 적도에서 발원해 지중해로 흘러 들어간다. 킬리만자로산은 아프리카에서 가장 높은 산으로, 적도에 위치해 있지만 해발 고도가 높아 정상에 만년설이 있다.

> **왜 틀렸지?** 콩고강은 아프리카에서 두 번째로 긴 강으로, 아프리카 대륙의 중서부를 흐른다. 아마존강은 세계에서 가장 넓은 강으로 남아메리카 대륙에 있다. 에베레스트산은 세계에서 가장 높은 산으로 아시아 대륙에 위치한다.

06 아프리카의 적도 부근 지역은 일 년 내내 비가 많이 내리는 열대 기후와, 건기와 우기가 뚜렷한 열대 기후가 나타난다.

07 아프리카의 건조 기후 지역의 가옥은 주변에서 구하기 쉬운 흙으로 집을 짓는다. 건조 기후 지역의 가옥은 낮의 열기를 막기 위해 벽이 두껍고, 모래바람을 막기 위해 창문이 좁은 것이 특징이다.

08 아프리카의 음악은 동적이고 리듬감을 살린 표현 방식이 특징이다. 동적인 특징을 지닌 아프리카 음악은 힙합과 재즈 등 현대 대중음악에 영향을 주었다.

09 콩고강과 잠베지강, 나일강 일대는 수력 에너지 자원이 풍부하고, 사하라 사막과 칼라하리 사막 일대는 태양 에너지 자원이 풍부하다.

> **왜 틀렸지?** ㄷ. 적도 부근의 아프리카 지역에서는 고무, 카카오와 같은 열대작물을 수출을 목적으로 재배하고 있다.
> ㄹ. 아프리카에는 금, 다이아몬드, 구리 등의 광물 자원이 많이 매장되어 있다.

10 나이지리아는 석유가 고갈될 것을 대비하여 산업 다각화를 추진하고 있다. 이는 지속가능한 발전을 위한 국가 차원의 주체적인 노력 사례로 볼 수 있다.

11 지속가능발전 목표(SDGs)는 국제 연합(UN)에서 발표한 것으로, 지속가능한 발전을 실천하기 위한 전 지구적 차원의 노력 방안이다.

> **왜 틀렸지?** ① 지속가능한 발전을 위해서는 화석 연료의 사용을 줄이고, 재생 에너지의 사용 비중을 늘려야 한다.
> ② 단순한 산업 구조에서 다각화된 산업 구조로 변화해야 한다.
> ③ 경제 양극화는 지속가능한 발전을 위해 해결해야 할 과제이다.
> ⑤ 지속가능한 발전을 위해서는 현재 세대와 미래 세대의 욕구를 모두 충족해야 한다.

12 공정 무역이란 소비자가 생산자에게 정당한 가격을 지급하는 무역 방식을 말한다. 공정 무역은 생산 지역의 경제를 활성화하고 생산자에게는 건강한 노동 환경을 제공하며, 소비자는 친환경적으로 생산한 제품을 구입할 수 있다는 이점이 있다.

Ⅴ 아메리카

01 아메리카의 위치와 자연환경

01 ㉠ 파나마 ㉡ 북 ㉢ 남 ㉣ 리오그란데 ㉤ 앵글로 ㉥ 라틴
02 ㉠ 로키산맥 ㉡ 애팔래치아산맥 ㉢ 안데스산맥 ㉣ 아마존강

01 리오그란데강 **02** (1) ㄱ (2) ㄷ (3) ㄴ (4) ㄹ
03 (1) × (2) ○ (3) ○ **04** 고산 도시

01 ② **02** ④ **03** ③ **04** ② **05** ⑤ **06** ② **07** ③
08 ① **09** (1) 고산 기후 (2) 해설 참조

01 제시된 지도는 남아메리카 대륙이다. 캐나다는 북아메리카에 속한 국가이다.

> 더 알려 줄게 북아메리카에 속한 국가에는 미국, 캐나다, 멕시코 등이 있다.

02 로스앤젤레스는 미국의 서부 지역에 있는 도시이다.

> 왜 틀렸지? ① 보고타는 콜롬비아에 있는 도시이다.
> ② 라파스는 볼리비아에 있는 도시이다.
> ③ 뉴욕은 미국에 있는 도시이다.
> ⑤ 부에노스아이레스는 아르헨티나에 있는 도시이다.

03 제시된 지도는 아메리카 대륙을 지리적으로 구분한 것이다. 지리적 기준으로 아메리카 대륙을 구분할 때에는 파나마 지협을 경계로 북아메리카와 남아메리카로 구분할 수 있다.

> 더 알려 줄게 아메리카 대륙을 문화적 기준으로 구분할 때에는 리오그란데강을 경계로 하여 앵글로아메리카와 라틴 아메리카로 구분할 수 있다.

04 미국 중앙부를 흐르며 남쪽으로 흘러 나가는 하천은 미시시피강이다. 남아메리카 중앙부의 저지대를 따라 흐르는 하천은 아마존강이다.

> 왜 틀렸지? 나일강은 아프리카 대륙을 흐르는 하천이다. 리오그란데강은 미국과 멕시코를 흐르는 하천으로, 앵글로아메리카와 라틴 아메리카를 구분하는 문화적 구분 기준이 된다.

05 빅토리아 폭포는 아프리카 대륙에 있다. 아메리카 대륙에는 세계 3대 폭포 중 하나인 나이아가라 폭포가 있다.

> 왜 틀렸지? ① 로키산맥은 북아메리카 서쪽에 위치한다.
> ② 아마존강은 남아메리카 내륙 저지대에 흐른다.
> ③ 미시시피강은 미국 중앙부에 흐른다.
> ④ 안데스산맥은 남아메리카 서쪽에 위치한다.

06 A에 들어갈 수 있는 것은 라틴 아메리카의 서쪽에 길게 뻗어 있는 안데스산맥이다. 안데스산맥은 형성 시기가 오래되지 않아 높고 험준하며, 환태평양 조산대에 속해 지진과 화산 활동이 자주 발생한다.

07 보고타는 안데스산맥의 고지대에 위치하여 저지대에 위치한 마나우스에 비해 기온이 낮게 나타난다.

> 더 알려 줄게 열대 기후가 나타나는 적도 부근의 저지대는 대체로 기온이 매우 높고 강수량이 많아 인간이 거주하기에 적합하지 않다. 이에 따라 지대가 낮은 곳을 피하여 해발 고도가 높은 곳에 도시가 발달하였는데, 이를 고산 도시라고 한다. 페루의 쿠스코, 콜롬비아의 보고타, 볼리비아의 라파스 등이 고산 도시에 해당한다.

08 아메리카의 적도 부근에는 열대 기후가 나타나며, 적도가 지나는 아마존강 유역에는 세계 최대의 열대 우림이 형성되어 있다.

09 (1) 고산 기후
(2) 예시 답안 일 년 내내 우리나라 봄과 같이 온화한 기후가 나타난다.
> 꼭 써야 하는 단어 고산 기후, 온화한 기후

02 아메리카의 인구 구성과 문화

01 예시 답안 ㉠ 페루, 볼리비아 ㉡ 아르헨티나, 우루과이
㉢ 멕시코, 콜롬비아 ㉣ 자메이카, 아이티
02 영어, 에스파냐어, 포르투갈어, 에스파냐어

01 아프리카인 **02** 히스패닉
03 (1) ○ (2) × (3) × **04** (1) ㄱ (2) ㄷ (3) ㄴ

01 ② **02** ④ **03** ④ **04** ③ **05** ④ **06** ② **07** ②
08 (1) 에스파냐 (2) 에스파냐의 식민지배를 받았기 때문이다.

01 아르헨티나는 19세기부터 20세기 초까지 대규모의 유럽인들이 이주하여 유럽계 인구 비율이 높다.

> 왜 틀렸지? ① 히스패닉은 에스파냐어를 모국어로 사용하는 사람들로 주로 미국에 거주하는 라틴 아메리카 출신자를 말한다.
> ③ 미국 민족(인종)의 다수는 유럽계이며, 원주민은 소수만이 남아 있다.
> ④ 페루는 아프리카계 인구보다 원주민 인구 비율이 높다.
> ⑤ 자메이카는 아프리카계 인구 비율이 높은 편이다. 아프리카계는 카리브해 섬나라 중심으로 다수 거주한다.

02 (가)는 아프리카계, (나)는 유럽계에 대한 설명이다. 노동력을 충당하기 위한 목적으로 강제로 이주된 아프리카계는 대규모 농장이 발달한 열대 기후 지역에서 그 비율이 높게 나타난다. 거주에 유리한 온대 기후가 나타나는 아르헨티나와 우루과이에는 유럽인들이 정착하여 유럽계 비율이 높게 나타난다.

03 아메리카의 언어는 유럽의 식민 지배 영향으로 영어, 에스파냐어, 포르투갈어 등 다양하게 나타난다.

왜 틀렸지? ① 브라질은 포르투갈의 식민 지배 영향으로 포르투갈어를 주로 사용한다.
② 캐나다는 프랑스어를 사용하는 퀘벡주를 제외하고 영어를 주로 사용한다.
③ 미국의 언어는 영국의 영향을 많이 받았다.
⑤ 앵글로아메리카는 영어, 라틴 아메리카는 에스파냐어와 포르투갈어를 주로 사용한다.

04 라틴 아메리카의 대부분 국가는 에스파냐의 식민 지배 영향으로 에스파냐어를 주로 사용하지만, 포르투갈의 식민 지배를 받은 브라질은 포르투갈어를 주로 사용한다.

05 리우 카니발은 유럽의 축제 문화와 아프리카의 음악과 춤이 합쳐져 브라질 고유의 축제로 발전한 것이다. 이 사례를 통해 아메리카의 문화 융합을 통한 새로운 문화 창조를 볼 수 있다.

06 멕시코의 성모상은 검은 머리와 갈색 머리를 한 것이 특징이다. 그 이유는 에스파냐의 식민 지배 당시 멕시코 원주민들이 가톨릭교를 받아들이는 과정에서 성모 마리아를 자신들과 닮은 모습으로 바꾸었기 때문이다.

07 제시된 지도의 (가)는 앵글로아메리카이다. 캐나다의 퀘벡주를 제외한 앵글로아메리카의 대부분 지역은 영국의 영향을 많이 받아 영어를 공용어로 사용한다.

왜 틀렸지? ① 앵글로아메리카에 해당한다.
③ 플랜테이션 농업은 열대 기후가 나타나는 지역에서 주로 이루어진다.
④ 앵글로아메리카는 다양한 민족(인종)이 어우러진 대표적인 다문화 국가이다.
⑤ 전체 인구 중 원주민 인구 비율은 낮은 편이다.

08 (1) 에스파냐
(2) 에스파냐의 식민 지배를 받았기 때문에 멕시코, 에콰도르 등 많은 라틴 아메리카 국가들이 에스파냐어를 공용어로 사용한다.
꼭 써야 하는 단어 | 에스파냐, 식민 지배

03 초국적 기업의 발달과 지역 변화

바로 학습   85쪽

01 (1) ㉠ 연구소 ㉡ 생산 공장 ㉢ 본사 (2) ㉠ 활성화 ㉡ 침체

탄탄 문제   86쪽

01 초국적 기업   **02** 공간적 분업
03 (1) ○ (2) × (3) ○   **04** ㄷ

쑥쑥 문제   86~87쪽

01 ③   **02** ⑤   **03** ①   **04** ④   **05** ①   **06** ①   **07** ④
08 (1) 공간적 분업 (2) 해설 참조

01 초국적 기업은 교통·통신의 발달로 국가 간 교류가 늘어나면서 등장하였고, 무역 장벽이 낮아지면서 그 수와 규모가 커지고 있다.

왜 틀렸지? ㄱ. 전 세계를 대상으로 한 생산 및 판매 활동이 이루어진다.
ㄹ. 초국적 기업은 농업, 제조업, 서비스업, 금융업 등 다양한 분야에 진출해 있다.

02 교통과 통신이 발달하여 국가 간 교류가 늘어나면서 생산과 소비 활동 범위가 전 세계로 확대되었다. 이에 따라 초국적 기업의 활동 범위와 영향력도 증가하게 되었다.

03 제시된 글은 초국적 기업의 공간적 분업에 대한 설명이다. 초국적 기업은 경영 효율성과 이윤을 높이기 위해 기업 조직의 기능을 서로 다른 국가와 지역에 나누어 배치하기도 하는데, 이를 공간적 분업이라고 한다.

04 생산 공장은 본사가 입지한 곳보다 땅값이 낮고 저렴한 노동력이 풍부한 지역에 두는 경우가 많다.

05 초국적 기업의 본사는 기업의 핵심 사업을 담당하며 중요한 의사 결정을 내린다. 따라서 정보 수집과 자본 확보에 유리한 지역에 입지하는 경우가 많다.

06 초국적 기업의 생산 공장이 다른 지역으로 빠져나간 지역에서는 많은 사람들이 일자리를 잃고 지역 경제가 침체하는 문제가 나타날 수 있다.

왜 틀렸지? ②, ③, ④, ⑤은 초국적 기업의 생산 공장이 들어선 지역에서 나타날 수 있는 변화이다.

07 제시된 사진은 멕시코에 초국적 기업의 생산 공장이 들어선 모습이다. 멕시코의 사례처럼 초국적 기업의 생산 공장이 들어선 지역에서는 새로운 산업 단지가 조성되어 일자리가 늘어나고, 관련 산업이 발달해 지역 경제가 활성화된다.

왜 틀렸지? ④ 초국적 기업의 본사는 정보 수집과 자본 확보가 유리한 선진국에 입지하기 때문에 노동력이 저렴한 멕시코에는 생산 공장만 이전하였다.

08 (1) 공간적 분업

(2) **예시 답안** 일자리가 늘어나고, 관련 산업이 발달해 지역 경제가 활성화된다. 유사 제품을 생산하는 국내 기업이 어려움을 겪을 수 있다. 등

꼭 써야 하는 단어 공간적 분업, 일자리, 지역 경제 활성화 등

대단원 마무리 문제
88~89쪽

01 ⑤ **02** ④ **03** ③ **04** ② **05** ⑤ **06** 포르투갈어
07 ⑤ **08** 초국적 기업 **09** ①

---

01 01 제시된 지도는 아메리카 대륙을 지리적 기준으로 구분한 것이다. A는 파나마 지협으로 이를 경계로 북아메리카와 남아메리카로 구분할 수 있다.

왜 틀렸지? ① A는 파나마 지협이다.
② 지리적 기준으로 구분한 것이다.
③ 미국과 캐나다는 북아메리카에 속한다.
④ 문화적 기준으로 대륙을 구분할 때에는 리오그란데강을 기준으로 앵글로아메리카와 라틴 아메리카로 구분할 수 있다.

02 북아메리카의 알래스카와 캐나다, 미국 북동부에는 한 대 및 냉대 기후가 나타난다. 브라질 남부와 아르헨티나 일대는 온대 기후 지역으로 온대 초원이 넓게 형성되어 있다.

왜 틀렸지? ㄱ. 적도가 지나는 아마존강 유역은 열대 기후가 넓게 나타나며, 세계 최대의 열대 우림이 나타난다.
ㄷ. 미국의 동부 지역은 대체로 온대 기후가 나타난다. 서부 지역은 건조 기후가 나타나 사막이 발달해 있다.

03 (가)는 아마존강, (나)는 나이아가라 폭포, (다)는 안데스산맥에 대한 설명이다.

왜 틀렸지? 미시시피강은 미국 중앙부를 흐르는 강이다. 빅토리아 폭포는 아프리카 대륙에서 볼 수 있다. 로키산맥은 북아메리카의 서쪽에 남북으로 길게 뻗어 있다.

04 제시된 지형을 모두 볼 수 있는 곳은 북아메리카 대륙에 위치한 미국이다. 로키산맥은 미국의 중서부 지역에 남북으로 뻗어 있고, 미시시피강은 미국의 중앙부를 흐르고 있다. 나이아가라 폭포는 미국과 캐나다의 경계에 있다. 지도의 ㉠은 캐나다, ㉡은 미국, ㉢은 브라질, ㉣은 칠레, ㉤은 아르헨티나이다.

05 수도가 부에노스아이레스인 남아메리카 국가는 아르헨티나이다. 남아메리카 서부에 남북으로 길게 뻗어 있는 산맥은 안데스산맥이다. 남은 글자로 만들 수 있는 단어는 고산 도시이다. 고산 도시는 적도 주변의 고산 지역에 발달한 도시로, 일 년 내내 우리나라 봄과 같이 온화한 기후가 나타난다.

왜 틀렸지? ① 라틴 아메리카에 대한 설명이다.
② 팜파스에 대한 설명이다.
③ 아마존강에 대한 설명이다.
④ 플랜테이션에 대한 설명이다.

06 빈칸에 들어갈 말은 포르투갈어이다. 브라질은 과거 포르투갈의 식민 지배를 받아 그 영향으로 포르투갈어를 공용어로 사용하고 있다.

07 아르헨티나와 우루과이는 에스파냐의 식민 지배 영향으로 에스파냐어를 공용어로 사용하고 있다. 대부분의 라틴 아메리카 국가들은 남부 유럽의 식민 지배를 받았고, 이러한 영향으로 라틴 아메리카에 남부 유럽의 문화가 전파되었다.

왜 틀렸지? ㄱ. 리우 카니발은 유럽의 축제 문화와 아프리카의 문화가 융합되어 만들어진 축제이다.
ㄴ. 브라질은 포르투갈의 식민 지배의 영향으로 받아 포르투갈어를 공용어로 사용한다.

08 S 커피 전문점과 같이 한 국가에 본사를 두고 세계 여러 국가에서 상품을 생산, 판매하는 기업을 초국적 기업이라고 한다. 초국적 기업은 공간적 분업을 통해 효율적으로 기업을 운영한다.

09 초국적 기업이 기존 생산 공장을 폐쇄하고 다른 지역에 새로운 생산 공장을 설립하면 생산 공장이 빠져나간 지역에서는 수많은 사람이 일자리를 잃고 지역 경제가 침체하는 문제가 나타날 수 있다.

Ⅵ 오세아니아와 극지방

01 세계 속의 오세아니아

바로 학습
93쪽

01 ㉠ 오스트레일리아 ㉡ 오스트레일리아 ㉢ 오스트레일리아 ㉣ 뉴질랜드

탄탄 문제
94쪽

01 (1) ✕ (2) ✕ (3) ○   **02** (1) ㄷ (2) ㄴ (3) ㄱ
03 A 열대 B 건조 C 온대   **04** 석탄, 철광석

쑥쑥 문제
94~95쪽

01 ① **02** ② **03** ④ **04** ② **05** ⑤ **06** ⑤ **07** ⑤
08 ⑤ **09** 해설 참조

01 오세아니아는 국토의 대부분이 남반구에 위치하고 있어 북반구 중위도와 계절이 반대로 나타난다.

왜 틀렸지? ② 뉴질랜드는 주로 온대 기후가 나타난다.
③ 뉴질랜드의 남섬에는 빙하 지형이 분포한다.
④ 피지, 키리바시 등 태평양의 작은 섬나라는 오세아니아에 포함된다.
⑤ 오세아니아에서 면적이 가장 넓은 국가는 오스트레일리아이다.

더 알려 줄게 북반구와 남반구의 계절이 반대인 이유는 지구의 자전축이 23.5° 기울어져 태양 주위를 공전하기 때문이다. 남반구가 태양에 더 가까워지면 남반구는 여름, 북반구는 겨울이 되고, 북반구가 태양에 더 가까워지면 그 반대가 된다.

02 오스트레일리아의 주요 도시로는 멜버른, 시드니, 캔버라 등이 있으며, 뉴질랜드의 주요 도시로는 웰링턴, 오클랜드 등이 있다.

03 지도의 A는 그레이트샌디 사막, B는 대찬정 분지, C는 그레이트디바이딩산맥, E는 남알프스산맥이다.

04 대보초 지대는 오스트레일리아의 북동부 해안에서 볼 수 있다. 뉴질랜드 남섬에서는 빙하 지형을 주로 볼 수 있다.

05 지도의 A는 열대 기후, B는 건조 기후, C는 온대 기후이다. 기후가 온화하여 온대 기후 지역에 도시가 발달하였다.

06 (가)는 오스트레일리아이다. 오스트레일리아의 동부 산지 주변에는 석탄, 북서부 해안 근처에는 철광석이 풍부하게 매장되어 있어 우리나라와 중국, 일본 등으로 수출하고 있다. 오스트레일리아의 북동부 해안에는 세계 최대 규모의 산호초 지대가 발달해 있다.

왜 틀렸지? ① (가)는 오스트레일리아이다.
② 오스트레일리아는 오세아니아에서 국토 면적이 가장 넓다.
③ 오세아니아에서 북섬과 남섬으로 이루어진 국가는 뉴질랜드이다.
④ 전 세계에서 해가 제일 먼저 뜨는 국가는 키리바시이다.

07 오세아니아는 아름다운 자연 경관, 희귀한 동식물, 독특한 원주민 문화 등 매력적인 관광 요소가 많다. 이러한 관광 자원을 바탕으로 오세아니아는 생태 관광지로 주목받고 있다.

왜 틀렸지? ① 태평양의 작은 섬나라에서는 어업과 관광 산업이 주로 이루어진다.
②, ③ 뉴질랜드는 목초지가 많아 유제품을 주로 수출한다.
④ 오스트레일리아는 석탄과 철광석을 중국에 수출하고 있다.

08 오스트레일리아는 우리나라, 중국, 일본, 뉴질랜드, 동남아시아 연합 국가와 역내 포괄적 경제 동반자 협정(RCEP)을 체결하였다.

왜 틀렸지? ① 아세안(ASEAN)은 동남아시아의 정치, 경제, 안보 등을 목적으로 설립된 국제기구이다.
② 자유 무역 협정(FTA)은 국가 간 무역 장벽을 완화하거나 제거하는 협정이다.
③ 세계 무역 기구(WTO)는 세계의 무역 질서를 위해 설립된 국제기구이다.
④ 아시아 태평양 경제 협력체(APEC)는 아시아와 태평양 지역에 있는 국가들 간 조직된 협의 기구이다.

더 알려 줄게 오스트레일리아는 과거 유럽, 미국과의 교류가 많았으나 최근 아시아 국가들의 경제 성장에 따라 이들 국가와의 교류가 잦아지면서 아시아와의 무역 비중이 점차 커지고 있다. 2020년에 오스트레일리아, 뉴질랜드를 포함한 15개국이 역내 포괄적 경제 동반자 협정(RCEP)를 체결하여 경제 협력을 증진하고 있다.

09 **예시 답안** 아름다운 자연환경, 희귀한 동식물, 원주민 문화 등이 있기 때문이다.

02 태평양 지역의 환경 문제와 해결 노력

바로 학습
96~97쪽

01 ㉠ 해양에 버려진 쓰레기
㉡ **예시 답안** 바다가 오염되고 주민들의 건강이 위협받고 있다. 등
02 (1) 해수면 상승 (2) 연준

탄탄 문제
98쪽

01 (1) ○ (2) × (3) ○ (4) ○   **02** 플라스틱
03 상승   **04** ㄱ

쑥쑥 문제
98~99쪽

01 ③   **02** ⑤   **03** ④   **04** ④   **05** ⑤   **06** ④   **07** ①
08 해설 참조

01 태평양은 아시아, 오세아니아, 아메리카 대륙과 접해 있다. 태평양 지역은 해양 쓰레기, 해수면 상승, 산호초 파괴와 같은 환경 문제를 겪고 있다.

왜 틀렸지? ㄱ. 태평양은 세계에서 가장 큰 바다이다.
ㄹ. 태평양과 그 인근 지역의 환경 문제는 지구 환경 전반에 영향을 미친다.

02 제시된 사진은 무분별하게 버려진 해양 쓰레기가 태평양 지역의 해류와 바람을 타고 한군데로 모여 거대 쓰레기 섬을 형성한 모습이다. 쓰레기 섬은 대부분 미세플라스틱으로 구성되어 있으며 해양 생물들의 생존을 위협하고 있다.

03 태평양의 작은 섬 국가는 기후변화에 따른 해수면 상승으로 바닷물이 육지로 넘쳐 시설물이 무너지거나 침수되고 있다. 특히 투발루나 키리바시와 같이 국토의 평균 해발 고도가 낮은 국가들은 국토가 물에 잠길 위기에 처하여 주민들이 거주지를 옮기기도 한다.

04 제시된 사진은 기후변화에 따른 해수 온도 상승으로 산호가 죽어 하얗게 변하는 백화 현상을 보여 준다. 이러한 현상은 산호초가 발달한 적도 부근의 태평양 지역과 오스트레일리아 북동부의 산호초 지대에서 주로 발생한다. 세계 최대의 산호초 군락은 C(오스트레일리아)와 관련 있다.

05 산호초가 파괴되면 해양 생물의 서식지 역할을 하지 못해 해양 생태계가 파괴될 수 있다.

왜 틀렸지? ① 해수의 온도가 높아지면서 발생한다.
② 기후변화에 따른 해수 온도 상승이 주된 원인이다.
③ 극지방의 빙하가 녹으면 해수면 상승의 문제가 발생한다.
④ 해수면 상승으로 해발 고도가 낮은 지역들은 물에 잠기게 된다.

06 태평양의 환경 문제를 해결하기 위한 개인의 노력으로는 저탄소 제품 구매하기, 쓰레기 줍기, 장바구니와 다회용 컵 사용하기 등이 있다.

07 자료는 해양 쓰레기 문제에 대한 것으로, 해양에 버려진 쓰레기가 주요 원인이다.

왜 틀렸지? ① 지구 온난화로 인해 해수면 상승 등의 문제가 발생한다.

08 예시 답안 지구 온난화에 따라 극지방의 빙하가 녹으면서 해수면이 상승하고 있다.
꼭 써야 하는 단어 | 지구 온난화

○3 극지방의 지리적 중요성과 지역 개발

바로 학습   100~101쪽

01 (1) (가) 북극 (나) 남극 (2) (나)
02 (1) 미국, 캐나다, 덴마크, 노르웨이, 러시아 (2) ㉠

탄탄 문제   102쪽

01 (1) ○ (2) ○ (3) ✕   **02** 백야, 극야   **03** 남극 조약
04 (1) ㄱ (2) ㄷ (3) ㄴ

쑥쑥 문제   102~103쪽

01 ⑤   **02** ①   **03** ⑤   **04** ⑤   **05** ③   **06** ②   **07** ④
08 ④   **09** 해설 참조

01 남극은 하루 종일 해가 지지 않는 백야 현상과 하루 종일 해가 뜨지 않는 극야 현상이 주기적으로 반복된다. 남극은 지구 육지 면적의 약 10%를 차지할 정도로 넓은 편이며, 지구 환경과 기후변화 등을 연구하기 위해 많은 국가들이 기지를 세워 연구하고 있다.

왜 틀렸지? ㄱ. 남극은 거대한 빙하가 덮여 있는 대륙으로 구성되어 있다.

02 우리나라는 북극 다산 과학 기지를 통해 북극의 생태계와 기후 환경, 자원 등을 연구하고 있다.

03 제시된 지역은 북극으로, 기후변화에 따라 새로운 항로가 주목받고 있는 곳이다.

왜 틀렸지? ① 북극은 북반구 고위도에 위치해 있다.
②, ③ 남극에 대한 설명이다.
④ 하루 종일 해가 지지 않는 백야 현상이 나타난다.

04 북동 항로에 대한 설명으로, 북동 항로는 북극해를 통과해 아시아와 유럽을 연결하는 항로이다. 북동 항로를 이용하면 기존 항로를 이용하는 것보다 비용과 시간이 절감되어 인접 국가들의 관심이 높아지고 있다.

05 제시된 지역은 남극으로, 남위 60° 이상의 고위도 지역에 위치한다. 우리나라는 남극에 남극 세종 과학 기지와 남극 장보고 과학 기지를 세워 과거 지구 환경과 기후변화를 연구하고 있다.

왜 틀렸지? ③ 미국, 캐나다 등의 영유권 분쟁이 발생하는 지역은 북극이다.

더 알려 줄게 남극 대륙은 특정 국가의 소유가 아니며, 여러 국가가 남극 조약을 통해 공동으로 관리하여 과학 연구와 탐사를 진행하고 있다.

06 극지방은 기후변화로 빙하가 녹아 접근성이 높아지면서 새로운 항로 개척, 자원 탐사와 개발 등의 변화가 나타나고 있다.

07 제시된 글은 남극 조약에 대한 설명이다. 남극 조약은 해당 지역에서의 과학적 연구를 보장하고 가입국들의 상호 협력 관계를 통해 남극 지역을 보존하고자 노력한다. 또한 군사 활동, 폐기물 배출, 원자력 활동 등을 금지하며 가입국은 남극에 대한 권리와 주장을 포기한다는 내용을 포함하고 있다.

08 극지방에 위치한 과학 기지들은 기후변화와 환경 변화를 연구하고, 해당 지역의 풍부한 수산 자원, 화석 연료, 광물 자원을 확보하며, 과학적 연구의 중요성 때문에 설립되었다.

09 예시 답안 북극해와 인접해 있는 연안국들로, 북극에 매장되어 있는 자원을 확보하고자 영유권을 주장한다.
꼭 써야 하는 단어 | 북극해, 연안국, 자원 확보

01 ③ **02** ㉠ **03** ② **04** ② **05** ④ **06** ① **07** ①
08 ② **09** ② **10** ⑤ **11** ④

01 오세아니아에 위치한 국가들은 열대 기후, 건조 기후, 온대 기후 등 다양한 기후가 나타난다. 대륙의 대부분이 남반구에 있는 오세아니아는 북반구에 있는 우리나라와 계절이 반대로 나타난다.

> **왜 틀렸지?** 2번 문항. 오세아니아에는 오스트레일리아, 뉴질랜드뿐만 아니라 키리바시, 투발루 등 태평양의 작은 섬 국가들을 포함한다.
> 3번 문항. 캔버라는 오스트레일리아의 수도이며, 웰링턴은 뉴질랜드의 수도이다.

02 오스트레일리아의 동부 지역에는 그레이트디바이딩산맥이 있다.

> **왜 틀렸지?** ㉠ 남알프스산맥은 뉴질랜드의 남섬에 있다.

03 오스트레일리아에서 인구가 가장 많은 도시는 시드니이다.

> **왜 틀렸지?** ① 멜버른은 오스트레일리아의 옛 수도로 유럽의 영향을 많이 받은 도시이다.
> ③ 캔버라는 오스트레일리아의 수도이다.
> ④ 웰링턴은 뉴질랜드의 수도이다.
> ⑤ 오클랜드는 뉴질랜드에서 인구가 가장 많은 도시이다.

04 오스트레일리아는 석탄과 철광석 등 지하자원이 풍부하여 전 세계에 수출하고 있다.

> **왜 틀렸지?** ① 쌀은 계절풍 기후가 나타나는 아시아 국가에서 주로 수출한다.
> ③ 오스트레일리아는 밀, 보리 같은 곡물과 양, 소 등의 육류 등을 주로 수출한다.
> ④ 오스트레일리아는 아름다운 자연환경, 희귀한 동식물, 원주민 문화를 바탕으로 관광 산업이 발달해 있다.
> ⑤ 침엽수림은 냉대 기후와 관련 있다. 오스트레일리아에는 대체로 열대·건조·온대 기후가 나타난다.

05 태평양에 위치한 섬 국가인 투발루는 기후변화에 따른 해수면 상승으로 국토 전체가 물에 잠길 위기에 처해 있다. 지도의 A는 북극해, B는 우리나라와 일본, C는 오스트레일리아, D는 투발루, E는 그린란드이다.

06 자료는 태평양 지역에 만들어진 거대 쓰레기 지대에 대한 것이다. 바다로 흘러 들어간 플라스틱 쓰레기가 해류와 바람에 의해 이동하다 모여 쓰레기 섬을 형성하게 되었다.

07 제시된 사진에 나타난 환경 문제는 산호초 파괴이다. 산호초가 파괴되면 해양 생물의 서식지가 사라지면서 해양 생태계가 파괴되고, 해양의 침식이 가속화되는 등의 문제가 나타날 수 있다.

08 국제 사회는 태평양 지역의 환경 문제를 해결하기 위해 플라스틱 규제 협약, 온실가스 감축을 위한 파리 기후 협약 등 국제 협약을 체결하였다.

09 극지방은 고위도 지역에 위치하여 대부분 한대 기후가 나타난다. 이곳은 다양한 자원이 매장되어 있어 개발 가치가 높은 지역으로, 북극해 주변 연안국은 북극에 대한 영유권을 각각 주장하고 있다. 극지방에는 과거 지구 환경과 기후변화 등을 연구하기 위한 목적으로 여러 국가의 과학 기지가 건설되어 있다.

10 자료는 극지방의 모습을 나타낸 것으로, (가)는 북극, (나)는 남극이다. 현재 미국, 캐나다, 덴마크, 노르웨이, 러시아 등 북극해 주변 연안국은 북극에 대한 영유권을 주장하고 있다.

> **왜 틀렸지?** ① (가)는 북극, (나)는 남극에 해당한다.
> ② 북극에 대한 설명이다.
> ③ 국제 조약 체결은 (나) 남극과 관련 있다.
> ④ 우리나라의 다산 과학 기지는 북극에 세워져 있다.

11 남극의 자원 확보와 과학적 연구의 중요성 때문에 많은 국가가 남극에 기지를 설치해 연구 활동을 수행하고 있다. 우리나라도 남극에 세종 과학 기지, 장보고 과학 기지를 건설하였다.

DATE _____

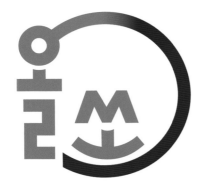

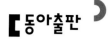

내신과 수능의 빠른시작!
중학 국어 빠작 시리즈

최신개정판

비문학 독해 0~3단계

독해력과 어휘력을 함께 키우는
독해 기본서

최신개정판

문학 독해 1~3단계

필수 작품을 통해
문학 독해력을 기르는
독해 기본서

빠작 ON⁺와 함께
독해력 플러스!

문학X비문학 독해 1~3단계

문학 독해력과
비문학 독해력을 함께 키우는
독해 기본서

고전 문학 독해

필수 작품을 통해
고전 문학 독해력을 기르는
독해 기본서

어휘 1~3단계

내신과 **수능**의
기초를 마련하는
중학 어휘 기본서

한자 어휘

중학 국어 필수 어휘를
배우는 한자 어휘 기본서

서술형 쓰기

유형으로 익히는
실전 TIP 중심의
서술형 실전서

첫 문법

중학 국어 문법을
쉽게 익히는 문법 입문서

문법

풍부한 문제로 문법 개념을
정리하는 문법서